你若不离不弃，我必生死相依

王国军 著

中国友谊出版公司

图书在版编目（CIP）数据

你若不离不弃，我必生死相依 / 王国军著. -- 北京：中国友谊出版公司，2018.7
ISBN 978-7-5057-4403-5

Ⅰ. ①你… Ⅱ. ①王… Ⅲ. ①爱情－通俗读物 Ⅳ. ①C913.1-49

中国版本图书馆CIP数据核字(2018)第134365号

书名　你若不离不弃，我必生死相依
著者　王国军
出版　中国友谊出版公司
发行　中国友谊出版公司
经销　新华书店
印刷　北京中科印刷有限公司
规格　880×1230毫米　32开
　　　7印张　110千字
版次　2018年9月第1版
印次　2018年9月第1次印刷
书号　ISBN 978-7-5057-4403-5
定价　39.80元
地址　北京市朝阳区西坝河南里17号楼
邮编　100028
电话　(010) 64668676

如发现印装质量问题，可联系调换
电话　(010) 59799930-614

爱，要经得起平淡的流年

——自序

对于很多人来说，一辈子兜兜转转就那么几十年，谁会长久地陪在你身边？不是父母，也不是子女，而是爱人。父母终究会老去，子女终究会长大离开，只有爱人才是始终对你不离不弃的人。

选择一个伴侣，建立一个美满的家庭，精心呵护彼此的身心，不因贫富而生离，不因美丑而取舍，当灾难来临时共同面对，当幸福来临时记得分享。因为爱而美好，因为爱而无忧，因为爱而崇高。当我们慢慢老去的时候，当初步入婚姻殿堂时的誓言，依然不时在耳边响起。那时的你，会有一种人生无憾的感慨和庆幸。

“我爱你”三个字，讲出来只要三秒钟，解释要三分钟，证明它却要一辈子。

爱情的根本来自平淡的生活，来自柴米油盐的琐碎。接受这样的平静，营造这种舒适的平淡生活，在生活的点点滴滴中体会爱，感受爱，学会爱，超越爱。

让我们一起回味一段婚礼誓言，体味其中温馨的画面。

我请你，做我的妻子，我生命中的伴侣和我唯一的爱人。

我将珍惜我们的感情，爱你，不论是现在、将来，还是永远。

我会信任你，尊敬你，我将和你一起欢笑，一起哭泣。

我会忠诚地爱着你，无论未来是好还是坏，是艰难还是安乐，我都会陪你一起度过。

无论准备迎接什么样的生活，我都会一直守护在这里。

就像我伸出手让你紧握住一样，我会将我的生命交付于你。

“不离不弃，生死相依。”这就是爱情的真谛。

目录CONTENTS

第一辑 你是我的木棉花

那些往事，早已成了过眼云烟，无法重来。纵使怀念，也只能远远地走开，却不能再接受。

第二辑

一场西雅图的裸奔

她的爱情，就像那尾深夜里的鱼，错过了白昼，错过了阳光，再也不会有激情了。

第三辑

有些爱，只能揉成云

最美的玫瑰不是开在你面前，而是盛开在你心里，融化了一切苦难和风霜，留下希望和芬芳……

第四辑 婚姻也需棋逢对手

一段健康的婚姻，应如同行船，彼此用力，齐心协力，没有谁是主角谁是配角，谁都不可或缺。

第五辑 爱情再苦，幸福就好

不管十年同船也好，六十年共渡也罢，苦难，总是在所难免。可要紧的是，相爱的两个人，始终不离不弃，携手走完这美妙人生。

第六辑
幸福其实很简单

在我远离她的日子里，时间拉长了她的影子，比日子长，却又比爱情短，而打结的这段，就是幸福。

第一辑

你是我的木棉花

那些往事，早已成了过眼云烟，无法重来。纵使怀念，也只能远远地走开，却不能再接受。

爱让我们在一起

真正和江河交往之前，我只是这个大千世界里一个平凡的女子，拥有一家中等规模的公司，还有一个相恋近五年的男友杜子腾。只是我和子腾的爱情在平淡的守候中渐渐地变了味道，变成了一种习惯，变成了一种精神上的依靠，也或者成了生活的一部分。缺少激情的日子里，生活像一杯白开水，淡淡的，没有任何精彩。

我的公司就在这座城市的正中央，一眼望去，满目繁华。晚上，我常常会一个人站在嘉陵江大桥上，望着江两岸如星星般密集的灯火，眼泪常常就会情不自禁地流下来。失落是从什么时候偷偷爬进我心里的？我不知道。

清晨，一个人骑着自行车，从人民西路的这端到那端，这条平日里繁华的街道在这个时候通常是平静的，没有太多人流的喧哗和拥挤，似乎就有了一种寂寞的感觉。而身边偶尔穿过几对亲昵的恋人，像把失落推到了我脸上。从那时起寂寞成了一个影子，紧随着我，每一分每一秒。

子腾正在办出国手续，踌躇满怀的他总是说：“飞，相信我，今天暂时的离开，就是为了将来更好地重逢。”

我们将来真的会幸福吗？那么现在呢？我心里嘀咕着，嘴上没说，我知道这个时候他最需要的是鼓励，我轻轻握住他的手说：“我相信你，可是你也要答应我，不要让我等得太久，因为女人的青春经不起煎熬。”而这个时候，我心里却在隐隐作痛，离别是无可避免的，然而重逢呢？又太遥远。

江河是怎么进入这个故事的没人能说得清楚，很多人来来去去的，就像冥冥中自有天意，该来的时候就来，该走的时候就走，没有任何理由。

那个夏天，公司主管财务的副总因家庭发生剧变，一怒之下，卷走了公司的大部分资金，跑到国外去了。得知这个消息后我气得差点吐血，一个人跑到酒吧大醉了一场。

傍晚，我带着浓浓醉意回到公司，闻到风声的员工已纷纷离去。一个人坐在空荡荡的办公室想起多年的心血顷刻化为乌有，泪水也就禁不住夺眶而出。

这时候，我看到旁边创业部里还亮着灯，我惊讶极了，轻轻走过去，推开门，一股淡淡的古龙水香味从空气中飘过来，一个高大的男孩子正伏案工作。看到我的到来，他抬头略带歉意地说："不好意思，唐小姐，策划方案马上就要写好了。"手上却没有停。

我一时之间想不起他的名字，他很年轻，应该是刚毕业的大学生。我只有一个印象，就是他平常话很少，总默默地做着自己该做的事情。我站在一旁，沉默半晌，嘶哑着嗓音说："算了，你不用再写了，没有用了，一切都已经完了。"

这时他又抬头看了我一眼，说："总得把自己的事情做完，才好走。"他的镇定与从容感染了我，我就一直站在那里，看他写完策划方案，再整理好桌上的东西。然后他说："我也该走了。"我心中忽然一动说："在你走之前，我能否请你喝杯茶？"

相思鸟茶馆，穿着唐装的服务员，一杯铁观音，轻柔的萨克斯音乐。我瞟了一下江河，嘴角边浮起一丝笑意。

坐在对面的江河穿着浅蓝色T恤，牛仔裤，他的眼睛明亮而深邃，像有细碎的星子在闪。对视了半晌，江河说："唐小姐不会这么容易就被打倒了吧？”

我微微一笑：“我会东山再起的，只是现在我需要人才。”

江河说：“要是唐小姐信得过，我倒愿意介绍几个大学同学过来帮忙！”

“真的吗？那谢谢你了。”仰头喝了一口铁观音。我抬头看一看他，他的目光清澈温暖，干净如水，咬咬嘴唇，我终于把心里突然的想法说了出来。“我想请你也留下来助我一臂之力……”话没说完，我就感到脸上一阵发烫，心头也如小鹿般撞个不停。

江河一脸清爽的笑意：“没问题，既然唐小姐开了口，我江河岂有离开之意。”

我轻轻啜饮了一口茶，忽然觉得一股甘甜从喉咙里直冲入四肢百骸。

“其实，唐小姐，我一直佩服着你的坚强与果断，说句你可能不相信的话，自我加入公司那刻起，你就成了我心中的偶像。”江河轻轻地说着，嘴角又是一抹浅笑。

由于我的努力振作，再加上江河的精明能干，公司终于重新壮大了起来。短短半年内，江河的坚毅、果断与冷静让我敬佩不已，而他有意或无意间透露出来的关怀，也在无形中拉近了我和他之间的距离。有时我就在想，如果我不是先遇上子腾，那江河无疑就是我的最佳选择了。

情人节那天，我被电话吵醒，抓起话筒时一看表已是十点了。电话里传来江河的轻笑声："喂，我的唐大小姐，起床了没有啊？"

"今天又不上班，我要多睡会儿。"

我打了个哈欠，睡意又涌了上来。

"我就在你门外。"江河促狭地说道。

我一下子清醒了，三两下穿好衣服打开门，江河就斜靠着墙壁，手里提着从肯德基带来的早餐。

"吃了早饭，我们去北湖吧。"江河笑容可掬地说。

北湖那么大，走了一半，我就说累得不行了，休息一下吧。江河望着我目光灼灼地说："我背你吧！"然后他就背起我，他说："你比我想象中还要轻啊！"

我们找了个亭台坐下，旁边是翠绿的荷叶湖映着蓝天、白云的影子，还有几只天鹅在尽情地嬉戏，一切都那么温馨。江河突然紧紧抱住了我，像是要把我彻底融入他的身体，然后他就吻我，很温柔地吻，轻轻地，久久地。他身上的古龙香水味是如此的醉人，居然让我平静了数年之久的心湖泛起波澜。我没有试图拒绝他的动作。

出北湖的时候，江河说要送给我一件礼物，让我在原地等几分钟。不一会儿，江河回来了，手上拿着一个东西，我接过来一看，是一个白金项链！我忍不住问他：“真的是给我的吗？”江河点点头，满怀柔情地说：“今天是情人节嘛，送你的，就当给你个安慰，怕再看到你每天心事重重的样子，让我好担心。”

我的眼睛不由得湿润了，想起了和江河在一起的点点滴滴，那段时光，是我今生最快乐最幸福的时光。

公司的事业在我和江河的共同经营下，蒸蒸日上，不久，我又成立了我的第一家分公司，我对江河说让他全权管理，也只有他才能让我放心。就在江河准备走马上任的时候我接到了子腾的电话：“飞，我明天回来。”就那么一句简单的话。

我说：“好。”我答得也相当干脆和简洁，整个通话时间只有三十秒钟就切断了。

放下电话我心里乱了起来。子腾要回来了，我等了两年零六个月的男友明天就要回来了，可是我竟然没有以前预想中的那么兴奋。

子腾出现在国际机场大厅的时候，我快步走上去，他满脸灿烂地握住我的手，这么长时间不见，他身上全是异国他乡的味道，清凉陌生得像是一口老酒。

“飞，你还好吗？”子腾柔声问我。

“还好。”我惊讶我的心竟没有半点重逢的激动。

回去的路上，我一直沉默无语，窗外正值华灯初上，公路上无比斑斓，流光溢彩，十分好看。子腾也静静地坐在我的身旁，一言不发。

到了家门口，我就看到江河竟一屁股坐在地上。他说:“你跑到哪里去了，手机也打不通，我等了你一下午。”他忽然发现我身后的子腾，“嗨，你好，我叫江河。”他极有礼貌地和子腾握握手。

我拿了一瓶水、一瓶红茶给他们。做这些时，我心里十分矛盾，我为什么要让这两个男人同时出现呢。明明是可以避开的。我叹了口气，心里乱成了一团。

我们三个人坐在屋里，还是江河首先打破了沉默:“在伦敦的生活还好吧？”

“还可以吧。”子腾轻描淡写地回答。

“飞在我面前提过你几次，说你外出这两年，基本上没和她联系。”江河笑了一笑，意味深长。

“江河，你先回去吧，回头我再找你。”我终于忍无可忍了。尽管我和子腾的爱情近乎名存实亡，但我们毕竟在一起五年了。

江河面无表情地走出了房间。

时间一分一秒地过去，又是一段令人窒息的沉默后，子腾站起身，走到我身边，望着江河离开的门口说：“飞，怎么不去把他追回来？”

见我不语，他接着说：“其实你不用回答我也能看得出来，爱情对于每一个人来说都是自私和现实的，你我也不例外。”

我抬起头，迷惘地望着他，眼前这个相处了数年的男友让人感觉陌生与遥远。他耸耸肩膀说：“是的，我在国外也找到了自己的所爱，这次回来，就是要当面跟你说清楚，我不想再浪费你的青春了，是我对不起你。”

这个美好的夜晚，与我相交了五年的男友，居然平静地在屋子里清点着我们以前的爱情，真可笑。我真的相信了子腾说的那番话，爱情对于每个人来说都是自私的，我们要找的只是身边实实在在的一份依靠。在爱情这件事上，我们两个人都显得太平庸，一点都高雅不起来。

对于江河，我明白有些东西根本无法强求，或许我们只是有缘无分。

可我终究还是无法抗拒自己的思念，尤其是在这个特别的夜晚里。我拨通了江河的手机："在吗？你可以来陪陪我吗？"

一分钟后，江河出现在我的房间里，他其实根本就没走，就坐在小区的椅子上："飞飞小姐，我知道你一定会找我的，只是不知道你找我是要告诉我你爱我呢，还是只想让我陪你度过这个难熬的仲夏之夜呢？"

沉吟了一会儿，我反问："那你以为呢？"

江河说："如果是后者的话，恕我不奉陪。"

见我沉默不语，江河忽然冷笑一声，扭头摔门而去。

第二天，我到公司，江河果真没有来，打他手机，提示已关机，我的心一下子凉了，也顾不得下雨地滑，直奔他的住所。穿着高跟鞋，一个不慎，只听到自己重重摔在地上的声音。我揉着发疼的身子，半晌才挣扎着爬起，用纸巾擦着衣服上的泥水。

好不容易赶到他家，门开着，江河头发凌乱地坐在床上，胡子也没刮，显得十分憔悴。我心疼地说："你怎么没去上班，叫我担心死了，我还以为你出事了。"

江河深深地看了我一眼，忽然叫道："我的唐大小姐，怎么回事，是不是摔着了，疼不疼？"说完便站起来，替我拿了块毛巾过来。

我的心怦怦乱跳，却没有拒绝他的好意。

"本来，我想我已经没有机会了。"江河忽然坏坏地笑着，"但我还想知道一个答案。不管是好是坏，我都能够承受得住。"

我紧紧咬着嘴唇，强忍着内心涌出的波涛澎湃的感情，然后紧紧抱住了他，终于忍不住泪流满面。

童话

1

从遇见文的第一天开始，我知道我已经无可救药地爱上了这个男人。

文在一家大型超市里做业务经理，我是他的助手兼秘书。文具备了我理想中男人的一切条件：高大、英俊、成熟、稳重。唯一不好的地方就是，他已经结婚了，并且有了一对双胞胎女儿。他的身份让人感觉高不可攀，他也像独身之人那样潇洒处理和女同事的关系。我们一起出去的时候，两个人之间总是隔着一段小小的距离，吃饭的时候，也总是谨小慎微。

我深情地看着文，心中暗叹好男人都是别人的。饶是如此，我对他的爱意也越来越浓，明知前面有火，我还是愿意做一只飞蛾义无反顾地扑上去，只为一段动人的旅程，情愿做出粉身碎骨的选择。

一个仲夏夜，我得知文由于连续工作多个通宵而累倒了，我立刻奔下楼，为他买了药，又在家里为他熬了八宝粥。进门的时候，文在办公室的沙发上打盹。我轻轻把他唤醒，文说："我很累，你能喂我一下吗？"我没有犹豫。文就那么深情地看着我，等我喂完的时候，突然揽我入怀，他的吻缠绵热烈。那一刻我只听见自己欢乐的心跳。文吻着我的耳朵，问："敏，你爱我吗？说实话，你是不是真的爱我？"我绯红着脸，用力搂住他宽阔的腰："文，你知道吗？从我第一眼看到你，就无怨无悔地爱上了你，纵使前面是万丈深渊，我也会毫不犹豫地跳下去。"

7 月 6 日是我生日。这个一辈子没有下过厨房的男人为了给我一个惊喜，硬是逼自己学了两个月的厨艺。那晚，文为我烧了一桌丰盛的菜，全部是我喜欢的菜肴。我拿着筷子，脸上淌满了幸福的泪水，我激动地问："你是怎么知道这一切的？"文刮刮我的鼻尖："如果连你的喜好都摸不清楚，我哪有资格坐在你身边说爱你呢？”当我含着泪水吹完20根蜡烛时，文递过来一束玫瑰，一往情深地对我说愿为我做任何事，我的心彻底融化了。

那一夜，文拥有了我的第一次。

事后，文常常到我的房间里过夜，每次都带上一大包零食。每次激情过后，我都想打听一下他家里的情况，而他却总是尽量避开。一次在我的追问下，文只轻描淡写地告诉我他妻子是个研究生，在市委上班。“这样优秀的女人你不爱吗？”我反问。文叹了口气说：“男人害怕自己的女人太优秀，因为这样活着太累。”我猜想这个女强人一心扑在工作上而忽略了家庭的和谐。这样想着，心中不禁得意起来。

文答应我他一定和我天长地久。于是和所有的纯情少女一样，我对未来的生活充满了憧憬。和他在一起的时候，我会用心盘算还需要多少时日，我就能和他光明正大地过幸福的生活。我想到时候我们用自己的钱买一栋明亮的房子，就在海边，每一夜我们都听着海的歌唱入眠。我甚至还为自己将来的小宝宝取了个诗意的名字。

不久以后，公司里传出了不少我和他之间的绯闻。

我无法再待下去，便辞职了，用自己三年来攒的血汗钱开了个服装店，尽管日子过得很清贫，但我无怨无悔。文甚是过意不去，一次晚饭后，他郑重其事地对我说：“敏，这段时间委屈你了。你放心，我会早日离婚来娶你的。”他从怀里掏出个首饰盒，“你打开看看”。我小心翼翼地打开盒子，不由惊叫起来：“钻戒！”文抓住我的手，替我轻轻地戴上，一脸柔情地说：“敏敏，答应我嫁给我好吗？”在文信誓旦旦的诺言面前，我再一次被征服了。我流着泪说：“文，我把少女最珍贵的初夜都给你了，什么也都认了，只要你真诚地对我好，再苦再累我也会等下去的。”

尽管我们不在一起工作了，文依然是我生活里的唯一支柱，静下来的时候，我就莫名其妙地想着他，或者笑，或者哭。

2006 年 8 月，我查出自己怀孕了。当我把这一消息告诉他时，他却没有半点惊喜，只是淡淡地说：“什么时候去做手术，我陪你……”那一刻，我的心仿佛被深深刺了一刀，但我还是去做了手术，我也没有借此来逼迫他离婚。我想只要我死心塌地爱着他，他全心全意地爱着我，终有一天，他会驾着“粉红色马车”来迎娶我的。

2

然而，生活并没有按照我所设想的轨迹往前发展。

9 月初，文去了北京总公司学习，一去就是整整两个月。文离开的日子里，我整天像丢了魂似的想着他，生意也没心思做！到后来，我干脆关了门面，决定去找他。我总是禁不住地想：当我突然站在文的面前时，他会是一种什么样的表情呢？想着即将和文见面，我的心里被突如其来的喜悦所充满。我事先没有告诉文自己的决定，我想给他一个意外的惊喜。

到北京后，我租了间房子，然后拨他的电话："文，我来了。"文的语气很是惊讶，"你，一个人？"我兴奋地说："是啊，是啊。"

晚上，文来了。我们紧紧拥抱着，彼此都激情膨胀。文呼吸急促，脸颊通红……正在这时，文的手机响了，格外刺耳，文推开凌乱的我，一脸惊慌地走到了门外。一刻钟后，文回来说他公司里有点事，必须赶紧回去一趟。

我不说话。文看出了我内心的失落，歉意地抱着我，低声安慰："敏，不要生气，我马上就回来，你放心，我会对你负责到底的，再等等，我一定让你做我最美丽的新娘！"

关上门的时候，我总是忘不了文离开时的惊慌表情。

晚上，我把头埋在被窝里哭了很久，哭累了，我就在镜子里看自己。镜子里的我比以前清瘦了，也憔悴了。曾以为只要他对我足够好，我不会在乎一纸证书的，但实际上我错了。一个女人漂泊了这么久，心也累了，想找一个真正意义上的家来停靠，尤其是与一个自己飞蛾扑火般爱着的男人共筑一个家。但我和他真的会有家吗？

我不知道，也无法回答自己。

我在北京待了一周后，因为不适应这里的气候，再加上长时间郁闷，我病倒了。我一遍又一遍地拨打文的手机，但他一直没有接。最后还是酒店里的员工送我去的医院。我在医院里躺了六天后，文来看了我一次，一来他就牵住我的手说"Sorry"。然而我需要的是一种实实在在的关怀，一种实实在在的幸福，而非言语上的关怀。但我还是强装微笑。文刚进来三分钟，手机就响了，一会儿，他从走廊返回，说："敏，不好意思，家里妻子病了，我得赶回去，等几天就回来！""病情严重吗？"我眼里噙满泪水问。"嗯。"

他走到门口的时候，转过头说：“我毕竟是她的丈夫，尽管我对她的感情日益消淡，但想想也同甘共苦过了七年，我不能如此绝情。”

他头也不回地走了。

我的心中立刻涌起了一股铺天盖地的悲哀。仔细想来，我这过的哪是正常人的日子？泪水流过脸庞，我没有去擦。转眼一个星期过去了，文一直没有出现，就像深山的积雪在夏日骄阳下融化得无影无踪，打他的手机，语言提示不在服务区，去他的公司，认识他的人告诉我他们一家去澳大利亚度假了。

走出公司大门的一刹那，我突然意识到我所钟情的这个男人对我编造了一个多么虚伪的诺言，自始至终都是，而我只是可怜地生活在自己编织的童话里。那一刻，我蓦然醒悟了，心虽然很痛，但我知道我已不会再流泪，因为我已流干了所有的泪。

日子仍在一天天流过。就在我快要淡忘他的时候，文突然出现在我的面前，头垂得很低：“她非要去澳大利亚，我拗不过她。”并一个劲地向我解释，请求我的宽恕，但我没有理会他的“苦衷”。我郑重其事地告诉他，自从他离开我病房的那刻开始，我们之间就彻底结束了。

说完，我扔下一脸发呆的文，走了。

是的，这世界上本来就没有童话，而我也不再是他的下午茶。

你是我的木棉花

1

看着小美一针一线地缝补着破损的衣服，子硕的心里忽然感动了起来，尽管他并不爱这个女人。但他知道，她是爱他的。

那一次，上班途中，他遇到了一辆翻车的旅游大巴，去救人，却不想被反向行驶的小车撞倒了。他住进了医院，她就在医院照顾着，整整半年，不离也不弃。

朋友们都说，能娶如此娇妻，是他一辈子修来的福气，他也觉得是，所以，他对她出奇得好，房产证上是她的名字，车本上是她的名字，所有的存款也都交给她打理。

当然这种好并不等同于爱，有的只是感激。

灯光底下，子硕忽然心虚起来，他怕小美那明亮的眼睛能洞穿他内心的秘密。他不敢正视她，只是轻挽她，说："夜深了，睡吧。"

关灯，他像鱼一样爬了上床，却在黑夜里轻声梦呓着另一个人的名字——露儿。那是他一辈子都无法忘记的人，他的初恋，他追了七年的女子，他以为能和她天长地久，最终还是分道扬镳。

有的时候，他真的憎恨这现实，可是有什么办法呢，谁叫他没钱，没办法让她过上幸福的生活。

这样想的时候，他整个人就像泄气的皮球，没有了生机。再看躺在旁边的小美，脸上写满了幸福。其实，子硕也知道，他从没对她说过什么甜言蜜语，有的只是一句淡淡的问候。他觉得自己愧对小美，不爱，却又拖着她一生一世。世界上最无耻的男人莫过于此。

他轻轻唤着她的名字，她没反应。对于女人，在她最喜欢的男人面前，总是容易沉醉。子硕默默关注了她半天，认识这么久，他还是第一次如此近距离看她。她虽说不上花容月貌，却像那半空飘着的木棉花，让人感觉舒适和温暖。

子硕悄无声息地下床，来到书房，打开电脑，邮箱里静静躺着他写给露儿的一千封情书。这几乎是每一个周末都要做的事情，每次他都会看得特别悲伤，为自己，也为这些从来没得到回复的信。

十年前，为了露儿，他放弃了自己的高薪工作，来到另一座陌生的城市打拼。他以为他的真心，能换来一份天长地久的感情，可露儿最终还是离开了他，只因他的贫穷。

露儿说，他希望找个条件更好的人。毕竟，婚姻这条路，很现实。

他不能接受她的不爱。那段时间，他消沉到了极点，人也瘦了一圈。他用了整整三个月的时间，每天给她写信，一天三封，可露儿终究没有回他。

2

三个月后，子硕才逐渐恢复元气。他辞了职，决定去越南旅行。那是在木棉花开的季节，子硕在途中遇到了小美，两人便结伴而行，吃饭，购物，散步，渐渐熟稔起来。回国的时候，子硕突然说："小美，我们闪婚吧。"

足足沉默了半个小时，小美问："你真的决定了？"

子硕重重地点点头。其实，他只是需要一段婚姻让自己重新开始。他怕，以后还沉沦在对露儿的思念里无法自拔。在这之前，也有人给他介绍过对象，都是些城市里的独生子女。他从内心里鄙视那些一见面就关心对方工作和房子的物质女人。他需要的只是一个过日子的女人。

比如小美，来自农村，却在城市里打拼、上进，性格文雅，举止得体。这些，都是他所需要的。当然，露儿也是，只是这个城市里生活了太久的女人，早已染得一身的铜臭味。

子硕是一个想到便会做的人。第二天，他和小美去办了结婚证。婚礼是在一个月后办的，也没请多少人，就双方的家长和朋友。

小美说，结婚只是一种形式，关键是要好好过日子。这话，他赞成。

结婚后，子硕搬到了小美所在的城市，进了一家外贸公司做业务员。凭借他的能力，很快在公司站稳了脚跟。除了出差，子硕每天都会准时回家吃饭，然后就是一起去散步，偶尔逛逛街。

子硕很喜欢这样有规律的生活。他不希望自己的婚姻生活出现什么意外，当然这只是他的想法。不久后，子硕代表他的公司去北京投标，在会场上，他竟然与露儿不期而遇。

那一直是他所不愿意见到的，两个人，居然要为了一个标而分个你死我活。

还是露儿先开的口，“那次，谢谢你来救我，要不然，我早和我老公命丧黄泉了。”她特意用老公这个词。在子硕听来却是那么刺耳，如果不是那阔佬，他和她应该是一对令人羡慕的神仙眷侣了。只是都已经过去了，虽然在结婚后的几年里，子硕经常期待能和露儿有再次邂逅的机会，可是真正遇上了，他才发现重逢并不是想象的那般激情四射。

露儿说，她老公对她很好，很宠她，也会和她结婚。当然，这种等待的时间也许要三年，也许要十年。但人总是因为有希望才能坚持下去啊。看着露儿一脸幸福的样子，子硕不忍心打碎她的梦想。他站起来说：“我累了，先去休息。”

露儿突然拽住他的手说：“子硕，我知道你很好，我也很自私，这次的标，对我和我老公都很重要，我希望你能帮我。我没什么能报答你的，今晚，就让我陪你吧。”

子硕轻轻推开她的手，说：“露儿，我不是贪图你的身体才对你好的，那是爱，你懂吗？”

3

子硕最终还是输掉了那场投标，只因露儿。回来后，子硕被公司上层狠狠批评了一顿。接下来，也许是运气不好，他在工作上接连出了两个错误，和领导的关系也越发紧张。子硕想自己单干了。其实，开公司一直是他的想法。为了不被露儿看不起，也为了这个家，为自己。

回家一商量，小美举双手赞成。小美就是这样的人，她也不问他为什么要开公司，但只要他喜欢的，她从来都是支持的。难怪算命的说，有她这样的贤内助，将来他的事业一定会发达。

经过三个月的筹备，子硕的外贸公司正式成立了，凭借以前的人脉关系，子硕很快接到了几个订单。那段时间，子硕天天以公司为家。每天晚上，小美都端着煲好的鸡汤送到公司。

子硕的公司慢慢走上正轨，他开始琢磨着进一步壮大公司。机会终于来了，有一家国外公司的产品准备进军国内市场，如果能拿下，那对公司的发展是个绝好的机遇。但一打听，和这家国外公司联系的公司有很多家，最后只好竞标。

子硕带着他的团队，赶到北京。没想到，再一次遇到了露儿。一年不见，露儿明显比以前发福了，所不同的是，她眼里有着淡淡的忧伤。露儿请他吃饭。和他碰杯，露儿说："听说你成立了家新公司，真值得为你庆贺。可是，子硕，能再帮我一次吗？只要这次中标了，他就答应我，和我结婚，求求你了。"

子硕离开时说："露儿，对于你来说，这次中标没成，你还可以等下次，可是我就不同了，我是小公司，这次投标对我来说，意义非常重大，你明白不？"

但子硕最后还是输掉了那次投标。他放弃了最后一次举手的机会。子硕恨自己，为什么对露儿狠不下心来。

回到公司，子硕狠狠抽了自己几个耳光，接着又跑到酒吧里大醉了一场。等他醒来时，已经躺在家里的大床上，小美正用温水给他洗脸。小美说："有什么事情想不通，非得那样糟蹋自己啊，不就是个标吗？公司垮了还可以再办，可人没了，再怎么着也是白搭啊。"

子硕忽然挣扎着坐起来，说："小美，老实告诉我，我是不是做生意的那块料儿？"

小美笑了，“做生意都是从这一步开始的。有低潮才会有鼎盛之时啊。”说着，她从身上摸出一本存折，说，“我能帮你的就这么多了”。

子硕连忙说：“我不能要你的，这可是你的养老本。”

小美抓着他的手说：“都一家人，我不帮你，谁还帮你啊。”

不知怎么，子硕突然觉得一阵心酸。

4

半年后，子硕的公司开始盈利。为了感谢小美，他决定带她去旅游，去什么地方呢？问小美，小美说，去木棉花开的地方吧。子硕一拍脑袋，忽然记起结婚三年了，他都没送给她什么礼物。

去广州的时候，正是木棉花绽放的时候，伫立在凌空怒放的木棉树下，子硕拿出条项链，坠子是一块火红的木棉花。小美顿时惊叫起来：“哇，你在哪里买的，真漂亮。”正如子硕所想的那样，小美并不缺首饰，只缺他的心意。

子硕忽然想要一个孩子了，为他，也为小美。他忽然想起一个朋友说过的话，“你爱着的女人跟了别人，找了个不爱的女人，得到的却是一份真正的幸福，小子，你真有福气。”他想，朋友是对的，不过，朋友还漏说了一句，那就是，感情是可以培养的，他感觉自己正是先结婚再谈恋爱的那种。

没想到小美还是出事了，电话是医院打过来的。等他赶到医院时，小美躺在病床上，医生正朝外面走。子硕连忙拦住医生，“医生，我爱人没什么问题吧？”

医生责备说：“还没问题？都动胎气了，要是晚来一步，孩子就保不住了。”

孩子？子硕惊讶极了。医生的口气更加不顺，“你这个丈夫怎么当的，都四个月了，你还不知情。”子硕的心里像是被掏空了一般，同床共枕三年，他居然不知道妻子怀孕，也许，他也从没好好关心过她。

紧紧抓着小美的手，子硕的脸上写满了歉意。

小美说：“该说对不起的是我，是我瞒着你的，我怕影响到你。再说，我也怕女孩子你不喜欢。”

子硕笑了：“女孩才好呢，像你一样温柔贤惠，要是生个男孩像我一样，又丑又矮，还不知道要操多少心呢。我想好了，给她取个小名吧，就叫棉儿，希望她能像木棉花一样，一辈子都大红大紫。”

两个人一起笑了。末了，小美忽然鼓起嘴巴：“都什么时候了，你还不给我弄东西吃，你想饿死我啊，我饿没关系，可宝宝是无辜的啊。”说完，竟佯装生气地转过头去。

见惯了小美的沉稳镇定，却从没见过她的撒娇和任性。子硕的心里一下子慌起来，忙说，我马上去给你煲鸡汤。跑到医院外面的饭店里，居然没鸡，他去市场买了只鸡，借小店的厨房，做了起来。

用保温桶带到医院里，小美喝了两口。子硕说：“要是不好，我再去做。”

说话的时候，手机响了，是短信，露儿说：“我们分手了，他最终还是选择了他的家庭，我现在就像浮萍一样，无处可归，子硕，你愿意收留我吗？让我们重新开始，好吗？”

小美说：“如果你想打电话，就打电话吧，我不会介意的。子硕，我知道你之所以选择我，是为了跟过去做一个了结。我虽然替代不了你的过去，但我会照顾你的现在，并且眷顾着你的未来……”

子硕的眼泪忽然流了下来，一直以为自己不会再爱，可是如果不是爱情，心就不会这么在乎。

他给露儿回：露儿，我现在有了自己的生活，我很珍惜，我也很满足，谢谢你的信任，不过我想告诉你的是，没有爱情会在原地等你，保重。

删了号码，关机。他本来还想告诉小美，其实那次救人，并不是他遇上的，而是露儿打电话给他，才赶去的。当时露儿和他的“老公”就在那辆旅游大巴上。不过，这些都不重要了，都过去了，他需要的，就是好好地把握现在。

两天后，子硕和小美回到了家中，子硕还做了一件事，把邮箱里的那些信，彻底删除了。他不需要再靠回忆取暖了。正如朋友所说的那样，娶此娇妻，夫复何求？他们还计划等棉儿出生后，一起去旅行。去哪里呢？当然是去木棉花开的地方，子硕一直觉得他就是一朵木棉花，一辈子，都只朝小美绽放。

至于露儿，露儿又是谁呢？

错过你的妩媚，也要陪你随波逐流

1

梁诗艺是个内向的男生。

出身一般，长相一般，学习一般，这样的男生，随便在大街上一抓就是一大把，可是就有人喜欢，比如莉真。莉真是梁诗艺的老乡，家境好，脾气也好，两人认识没多久就谈起了恋爱。这让室友们很羡慕，都说："诗艺，你这辈子是遇到哪个福星了，居然能捡到如此好的老婆。"莉真一只手搭在梁诗艺的肩上，柔声细语地说，"什么叫捡，分明就是千里姻缘一线牵嘛，睁大你们的眼睛，羡慕吧。"

梁诗艺家境不好，莉真就多次拿自己的生活费补贴他，还美其名曰情感投资。梁诗艺考研时，莉真帮他在外面找了间房子，天天给他做好吃的，无怨无悔地照顾着他。

梁诗艺能留学法国，这功劳一半要归莉真。为凑这笔钱，梁诗艺的父母几乎变卖了家里所有值钱的东西，当然还有莉真家里的支持。双方的父母，也都同意他们的交往，梁诗艺出国后，莉真找了份护士工作，干脆住到了梁诗艺的家里。

他们本来是商定要结婚的，莉真想了想说，只要你不抛弃我，我愿意等你三年。梁诗艺是个懂得感恩的人，莉真对他的好，他一直铭记于心，就算真不爱了，他也会不离不弃。

直到遇到琼斯，梁诗艺才发现自己错得好厉害。琼斯是香港人，从小就生活在巴黎，她有着西方美女的浪漫气质，一袭合体的连衣裙，再加上楚楚动人的眼神，梁诗艺只那么一瞥，一颗心便乱了。

琼斯像阵风从他身边吹过，然后停下来，回头说："啊，呆子，你印堂红润，要走桃花运了。"

梁诗艺愣住了，摸了摸怦怦乱跳的心，想追上去，却发现脚步都是虚的。他没想过，这个女子只一句话，就撩动了他的心扉。他突然想，如果能有这样的艳遇，做一回呆子，也不错啊。

梁诗艺咬牙追了上去，和琼斯肩并肩走着。琼斯说，带我去看山吧。说着，抓着他的手就走，那么柔软的手，梁诗艺紧张得汗都出来了。他突然觉得自己像第一次谈恋爱一样，那么，莉真，又算什么呢?

2

站在山上，琼斯说:“呆子，明天我们一起吃早餐吧。”

他点点头，说好。说完了，梁诗艺自己就迷茫了。他自己压根就不信，一个在马路上随随便便遇上的陌生女子会对自己一见倾心，再说，自己也并非那种能让人一见钟情的男人。

梁诗艺正做着美梦，突然就有人敲门，室友开门，一阵香风袭来，接着，梁诗艺便觉得耳朵痛起来。

“琼斯，你怎么来了?”梁诗艺喜欢裸睡，琼斯这一揪，梁诗艺本能地站起来，一张棉被就落下去，感觉身体凉飕飕的，梁诗艺这才意识到走光了，连忙把被子拖到胸口。琼斯笑得花枝乱颤，那分明是调戏啊。

琼斯把梁诗艺的衣服扔过去：“呆子，快点起来，吃早餐去。”

梁诗艺不禁愣住了。昨天回来的时候，他就向室友打听过，这琼斯可是学校里有名的人物，又奔放又漂亮，和她扯上关系的男生不知道有多少，这就能解释为什么她能这么容易找到自己的寝室。

穿好衣服，梁诗艺就被琼斯拽了出去，外面停着一辆红色的跑车。梁诗艺的心猛然跳起来，直愣愣地看着她，他突然有一种沉醉其中的感觉，琼斯来找自己，这是色诱还是勾引？

吃完早餐后，琼斯载着梁诗艺去塞纳河看水，晚上，就近住了一家酒店，琼斯就住隔壁。深夜，梁诗艺刚找了个情色片子看，门铃就响了，一身睡衣的琼斯冲了进来，还带着淡淡的香水味。梁诗艺有些陶醉了。

琼斯嚷着，把声音开这么大，你是存心想勾引我啊。梁诗艺显得很委屈，我明明把声音开得很低了。可是还没等他反应过来，琼斯一张脸已经凑过来了，梁诗艺有点发愣。琼斯翻了翻白眼说：“你没碰过女人吗？快抱我上床。”

电视里正放着香艳的场面，可梁诗艺管不了这么多了。如果琼斯是一片火海，那他情愿做一只扑向火海的飞蛾。

3

梁诗艺的条件不够好，为了生计，他只好到处兼职，琼斯来找他时，他正在一家中餐厅擦桌子。琼斯说，我来帮你吧。梁诗艺诧异地望着她，以为是在开玩笑，琼斯拿过抹布，就动起手来。

下班时，琼斯拉着梁诗艺的手就走，这让餐厅里的很多男人脸都绿了。有人甚至还大声说，真是一朵鲜花插在臭粪上。

梁诗艺也觉得是，他也曾问过她为什么会看上他，他那么不出众。她却说，我就喜欢像你这样呆头呆脑的男孩子。

他真的像个呆子吗？读了那么多年书，却什么都不懂，做事也有头没尾的，反应也迟钝。

琼斯给他介绍了一份工作，是在一个高级会所里做服务员，待遇还不错，小费也多。看得出，琼斯是这里的常客，连老板和她的关系也很暧昧。只是，早知道琼斯有很多男朋友，梁诗艺只不过是她人生中一个小小的插曲而已，再说，在法国也就留学两年，两年后，他就回国了，而琼斯是不可能随着他回国的。与其到时难分难舍，还不如早看开点。

但梁诗艺还是决定好好珍惜这份感情。他用自己的工资给琼斯买了一个包，也不是太名贵。琼斯兴奋得像只小鸟，还要了他一张照片，放在包里，说是想他的时候，就拿出来看看。

知道琼斯骗他是在她的生日宴会后，那晚她喝得烂醉如泥，还是他送她回去的。

醉梦中，她说："诗艺，知道吗，我之所以去找你，是因为我和好友打的一个赌。她说，我肯定无法赢得一个呆子的心，我就来了。"

梁诗艺的一颗心慢慢变冷，但他搂着琼斯的手一直都没有放开。

琼斯又说："可是你知道吗，越是接近你，我就越发现你的好，我是情不自禁被你迷上了，诗艺，你会原谅我吗？"

梁诗艺低下头，吻她，深深地吻。

第二天下午，琼斯来找他，一脸羞红地说，"我昨天喝醉酒了，是不是说了很多不该说的话？"

梁诗艺微笑摇头，“没有，只是一些小插曲，都过去了。”

他懂琼斯，琼斯也懂他。

圣诞节那天，琼斯给他买了件外套，温柔地给他穿上，他看着她，心里忽然产生了一个念头，要是琼斯能成为他的妻子，且只爱他一个，那该是多美好的事。但是莉真呢，那个在家里一直等着他的女人，梁诗艺唯有叹气，他不能辜负莉真，就算他辜负了全世界，也不能辜负她。

元旦，梁诗艺正和琼斯逛街，电话便来了，等接完，梁诗艺的脸都变绿了。只说了一句话，“我女朋友要过来了。”

原以为琼斯会大吵大闹，但她只是愣了一下，便笑着说：“嫂子过来了啊，那是好事啊，我也终于可以摆脱你这呆子了……”

再次见到琼斯，是在接莉真回来的车上，琼斯和一个金发男子亲昵地靠在一起。两人目光微微交锋，琼斯过来喊嫂子，莉真的目光却充满了敌意。事后，莉真说：“见到这个女人，我就不自在，她是不是和你有关系？”

梁诗艺一惊，只好违心地说：“哪有什么关系，只是见过两次面的同学。”

拍毕业照那天，琼斯不停地和同学合影，唯独不找梁诗艺。他厚着脸皮走上去，她马上走开，不给他半点面子，“你不怕你家里那位吃醋吗？你不怕我还怕呢。”

梁诗艺再次愣住了，他很想说，其实，我已经不是原来的那个我了，我现在心里爱的只是你。话到嘴边又生生吞了回去。

他的爱情，自己已做不了主。

4

回国后，在父母的催促下，梁诗艺很快和莉真结了婚。琼斯还特意发来一封电邮，除了道贺之外，还说，“其实，我是可以为你改的，只要你愿意，我愿意和你回到中国，做你的贤妻……”

对着电脑，梁诗艺发呆了一个下午，出来时，脸上有明显的泪痕。

婚后的莉真就像是变了一个人，性情暴躁，还经常对他冷言冷语，沟通多次无果后，梁诗艺就经常待在公司加班，他常常会想起在巴黎的日子，想起那个叫琼斯的女子，为了一个赌局接近他，最后却疯狂地爱上他的女人。而现在身边的这个女人，婚前婚后却完全两样，让梁诗艺直觉地认为，他是被骗了。

他学会了泡吧、K歌、找一夜情，回家的时间越来越少，两人吵架的频率也越来越高。

累了，他便搬到了外面。

情人节，他正在超市里转悠，忽然看见一个女人的身影。他疯了似的跑上去，一把抱住，急切地说："琼斯，你怎么跑到内地来了？"对方回头，却是一张陌生的脸，"你找错人了，我不是你的琼斯，我有男朋友了。"

一脸尴尬，他深深记得，他曾经是一个女子的呆子。

突然决定去一趟巴黎。

莉真在电话里狠狠诅咒他，"去吧，最好死在巴黎。"

5

三年之后，学校还是原来的学校，可梁诗艺发现，一切都已经那么陌生了。辗转问到琼斯的情况，梁诗艺怔住了。

知情人告诉梁诗艺，琼斯出事了，半年前，她在去内地的路上，发生了车祸，虽然保住了性命，但失忆了。

那时有个法国的富商，一直在追她，本来她都答应了他，结婚的宴席也准备好了，可就在婚礼的前一天，她不辞而别。

梁诗艺的眼里挤满了泪水，他知道，她是去找自己的。

是他对不起她。他清楚地记得，她给他发来的邮件：其实，我是可以为你改的，只要你愿意，我愿意和你回到中国，做你的贤妻……

她一直爱着他，就算知道他已经结婚，心里却仍放不下，所以，在她结婚的前一晚，才果断离家出走。

一段没有爱的婚姻，犹如人失去了灵魂。她不愿意接受那样的选择，所以她来了，但是他呢？

如果，自己当初坚强一点点，琼斯就不会出车祸，那么他现在，是快乐并幸福着。

回国后，梁诗艺做了个果断的决定，和莉真离了婚，然后变卖了自己的房子，去香港找琼斯。

很多人都不理解，只有梁诗艺自己知道。他已经错过一次了，不想再错过第二次，即使琼斯失去了记忆，他还有大把的时间，就算重新来过，也未尝不可。

错过了她的妩媚，也要陪她随波逐流……

第二辑
一场西雅图的裸奔

她的爱情，就像那尾深夜里的鱼，错过了白昼，错过了阳光，再也不会有激情了。

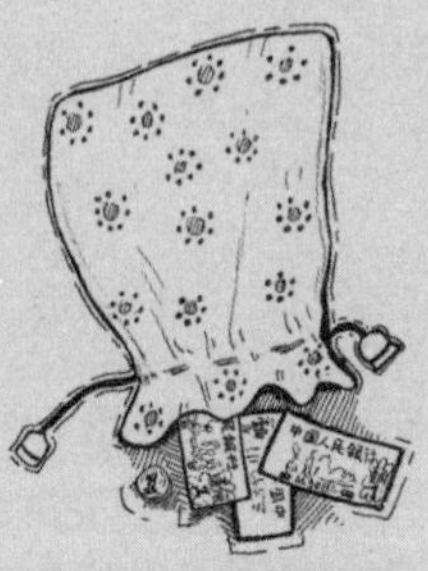

情有千千结

与谷雨的相恋纯属偶然，然而似乎又是冥冥之中缘分的必然。

经过半载苦读，我有幸挤上了考研这座独木桥，进入西华师范大学继续深造。这是西南地区一所门类齐全的本科院校。校园内花木交荫，绿围翠绕，四季常青，是一方读书的圣地。也许是上天对我的恩赐，也许是我沾染了这里青山绿水的灵气，我拾起搁了七年的笔，比以前更加勤奋，作品也陆续在各大报刊上发表，也由此，我才与谷雨结下了异域情缘。

由于我的文章有很多与爱情有关，写的都是一些朋友们生活中的故事，因此也特能感动人。有几个月我每天都能收到几十封来信，问文中的故事是不是真的，还说她们生活中也有类似的故事，最后她们希望与我交个朋友。这些女孩子，除了写信之外，还想方设法弄到了我的QQ号，以至于我一上线，就被她们团团围住。几个室友就经常笑我："军哥，你的艳福来了，这么多女孩都要和你交朋友。"而我则不知如何是好。

最后我采纳了一个师弟的建议进行冷处理，信也不回，上线也隐身。时间一久，信件果真慢慢少了。然而有一个女孩却坚持不懈地来信，不管我回不回复。在QQ留言中，她不断地重复："不管你愿不愿意，我已经铁定心交你这位朋友，透过字里行间，我感觉你就是我要在茫茫人海中苦苦寻觅的知音，所以不管你如何待我，我是不会放弃的！"

与其他女孩温柔的笔风不同，这个女孩第一封信的语气就显得异常霸道。

女孩叫苏谷雨，在重庆的大学读中文系二年级。得知她将与我同时毕业，我对这个女孩突然产生了浓厚的兴趣。每一次来信，我都以最快的速度给她回信，诉说在QQ和电话里未能详尽表达的内容。渐渐地，不知是距离产生了美感，还是别的，我对谷雨有一种强烈的渴望，想彻底走进她的生活。她在信中和电话里所表现出的那颗真挚的心正在迅速向我靠近，虽然言语中还有种淡淡的忧愁，但那是一颗为思念而忧愁的心。我觉得这是上天对我的恩赐，人海茫茫中，若不是缘深我又怎能与痴情的谷雨相遇相知呢？看着谷雨在视频里哭得一脸泪水，我的鼻子也有些发酸。我决定去重庆找她，因为网上的对视早已不能抚慰彼此的感情和澎湃的心灵。

见到她时我们彼此都观察了好久，面前的女孩比在视频里更加美丽、端庄，大大的眼睛里深藏的那一抹忧愁立刻被眼前的喜悦冲淡了。谷雨扑上来拥着我："军，这是真的吗？我简直不敢相信自己的眼睛，这是真的吗，这真的是你吗？""是的，雨！我就站在你面前，一个真实得不能再真实的军。"那一个下午，我们在茶馆里一直泡着。晚上她为我在旅馆找了个房间，但她拒绝九点以后继续陪我。"对不起，军，在双方父母没同意之前，有些事情我是不会做的，请你原谅。"见着她如此坚决，我也不再勉强。

我在重庆待了三天，临别时谷雨送我一首诗："读你 / 就像读一本长篇小说 / 刚翻过序言 / 便爱不释手 // 想你 / 就像刚轻轻喊出你的名字 / 便醉倒在思念的海中。"她的双眼充盈着离别的泪水，我强忍住泪，轻轻吻去她满脸的泪痕。

之后，我有半年没去重庆找她。虽然每天电话不断，也相约周末在视频上见面，但看同学们成双成对地出入，我怀疑自己坚守的这份爱情是不是一场虚幻的梦。

又想起谷雨不愿在九点以后陪我，心中便不由失望起来。此后在信和电话里我就多了一份忧愁，谷雨也渐渐感觉到了。

去年的10月下旬，重庆一家杂志选用了我的一篇散文，写的是我和一个本科师妹的感情误会。

两天后，谷雨突然出现在我面前，一脸的憔悴，瘦削的脸上还挂着泪痕。她说她昨天回去了一趟，跟父母说了我们的事情，他们并不反对，只是他们想见我，谈点将来的事情。她还说她在好朋友买的一份杂志上看到了我的文章，觉得心里不踏实，便过来看看，就算要分，也要当面说清楚。

那几天，我陪谷雨逛遍了南充的大小景点。我陪她到北湖划船，到清泉寺许愿，到西山登高，她的心情渐渐好了起来，美丽的大眼睛里已不见了那浓浓的忧愁，眼前的世界是一片明朗，天空万里无云。

今年暑假，我把她带回了湖南老家。我牵着她的小手，在美丽的南岳过了自己二十六岁的生日。当蜡烛吹灭时，我们一起闭眼许下美好的愿望。我们深情相吻，我在她耳边说："雨，不管何种理由，2007年2月14日，我若不能飞到你的身边，亲自为你献上一束火红的玫瑰，我就……”谷雨忙用手堵我的嘴，不让我诅咒自己。

那一刻，我觉得自己是天底下最幸福的男人，而雨就是苍天赐予我的新娘，要不远隔百里，我们又怎么能相知相爱呢？我应该珍惜这来之不易的缘分，让我们的感情玫瑰在未来长久绽放。雨，在今后的日子里，我会用全部的身心来爱你！

烟雨江南

1

言小美是一个很内向很腼腆的小姑娘，在美女如云的影视公司，她只是一个毫不起眼的小角色。言小美每天所做的工作，只是扫扫地，倒倒茶水。

其实，言小美的梦想是做一名明星，赚足了钱，然后在海边买套很大的别墅，再把辛苦了一辈子的父母接过来同住，这就是她奋斗的目标。言小美一直认为她的梦想很简单，可是在残酷的现实面前，一切都那么苍白无力。

直到有一天，黯然离开的罗雨菲告诉她："你想成名啊，和老总睡睡觉就行了！"罗雨菲是言小美在这个公司里最贴心的朋友，和她一样，都是来自农村，都有着相同的明星梦。不同的是，罗雨菲有着一副能迷倒众生的好身材。所以，来公司的第一天，老总就亲自开着宝马车来接她。那段时间，言小美经常看见两人亲密地进进出出，后来罗雨菲就拍戏了，还是演主角。庆功宴那天晚上，言小美突然看到罗雨菲衣衫不整地从老总的房间里跑出来，接着罗雨菲不知何故离开了公司。

罗雨菲离开后，不久就结婚了，听说是嫁给了一个富二代。

半年后，言小美突然接到罗雨菲的电话："快出来吧，给你介绍一个导演。"

酒吧里，罗雨菲指着一个高高瘦瘦的男子说，这就是冷少群导演，我跟他说过你的情况，他对你很有兴趣。

冷少群走过来握言小美的手，言小美的脸就红了，长这么大，她还从没被异性握过手。

冷少群邀请她跳舞，他的舞姿充满节奏和力度，言小美就那么被柔软地握着。灯暗的时候，冷少群伏在她耳际说："只要你听话，我保证你很快就能走红。"

"真的？"言小美的整颗心都跟着颤抖起来。

他说："真的。"接着，一股酥麻感从耳际传了过来，像海浪一样，迅速淹没了她的全身。

2

那个晚上，他们还一起到江边散步。冷少群的手不时触碰着她的腰肢，言小美的脸红得像秋天里的苹果，皎洁的路灯下，冷少群看呆了。

"你恋爱过没有？"冷少群问。

言小美怔了一下，她很想告诉冷少群，其实她大学时也爱过，当然只是暗恋，等她想表白的时候，对方已经和她的一个好友走到了一起，她只好把那颗心深藏了起来。嘴里却说："我长得很丑，哪有人看得起我？"

"小美，我喜欢你。"冷少群也不等言小美回答，径直说道。

言小美抬起头，一脸愕然。一阵男人的气息扑面而来，让言小美感到一阵窒息。

"你身上有一种雪莲的味道，还有热情的红色，我第一眼就被吸引住了。这么多年来，我猛然发现，你才是我要找的人。”言小美被这直白的言语击得手足无措，她不知道自己该不该相信冷少群的话，不过有一点肯定的是，至少有人对她表白了，她感觉自己这辈子没白活。

被冷少群拉入怀里的时候，言小美心里升起一个斗大的疑问，冷少群为什么会喜欢自己呢？自己一点都不出众，而罗雨菲那么风情万种，艳丽多姿，他应该是喜欢那种类型的。

答案是冷少群在电话里告诉她的。他说：“见惯了太多势利的女人，我还是喜欢纯情一点的，就像你。”

那天晚上，言小美失眠了，接下来几天，她好像是变了一个人，说话细声细气，甚至矫情。

3

几天后，冷少群说是拍戏，去了另一个城市，言小美还是在影视公司打杂，偶尔，罗雨菲也会把她叫出来聊聊。冷少群经常会给她发信息，说些暧昧的话，偶尔还信誓旦旦地保证，跟着他，一定会让她成名。

有一天，言小美突然做了个梦，梦见自己成了一名明星，千百双眼睛注视着她的一举一动。梦醒的时候，冷少群的短信就来了：宝贝，想我吗？言小美突然哭了，她想，就算前方是一个陷阱，她也会毫不犹豫地跳下去。

冷少群说：想我，就辞职跟我来北京吧。

言小美真的辞职去了北京，她一分钟也耽搁不下去了，她的心里已经开了两朵花，一朵叫爱情，一朵叫梦想。上火车前，她买了本《杜拉拉升职记》，细细看完，忽然想，自己应该比杜拉拉幸福多了。至少，杜拉拉奋斗了好几年，而自己离明星仅有一步之遥。

到北京正值早晨，冷少群来接她，带她直奔商场。换上时髦的外衣，望着镜子里的自己，言小美笑了，原来，自己也能打扮得如此漂亮。

冷少群的公司在一个很偏僻的地方，五楼，楼道口到处都是杂物，很乱，很脏。如果不是特别留意，根本不会有人注意这里还有家影视公司。言小美突然有点后悔了，她不该来这里的。她当然也不知道，就在她来之前，罗雨菲还在这儿逗留了好几天。

但显然，冷少群对她的到来早有准备。刚进屋，他就把她抱在怀里，说："今天，你就是上帝送给我的最好的礼物。"多么柔情的一句话。她红着脸不说话，原本锁紧的心却彻底放开。她想，自己到底爱他的，信任他的，要不然，干吗千里迢迢跑到北京来找他。

他吻她，深情地吻她，她尽力配合着。末了，她只问:“你不会欺骗我吧。”“怎么会?”他伏下身，在她耳边说，很轻很轻。

最初的几天，冷少群到处带她游玩，他们的足迹遍布博物馆、广场、公园，他们手牵着手进进出出。那一刻，言小美觉得自己是天底下最幸福的女人了，尽管他从没说过爱她，但那又有什么关系呢，只要她爱他，他不辜负自己就好了。

再后来，冷少群带她出入一些上流圈子，介绍时说，她是他妹妹，想来北京演戏，大家就看着她，暧昧地笑。言小美始终低着头，不说话。有老板想动手动脚时，她巧妙地躲开，说到底，她还是个清纯的姑娘。尽管，冷少群找她谈了几次心，准确地说是洗脑，比如说什么潜规则，什么女人应把握自己的青春。言小美不懂，也不打算懂，她只知道，冷少群教她做什么，她就会做什么。

来北京的第二周，冷少群说是有事，要去江南一趟，就让言小美给他守着公司。冷少群前脚一走，言小美的心就乱了。是相思，无穷无尽的相思，像蚕丝一样根根扯着她的心，有时，言小美甚至想，一死了之就好，省得难受。

4

言小美几乎在北京待不住了。她想去江南，想做冷少群的影子，一生一世。她给他电话，可是他很忙，短短几句话后就匆匆挂了电话。

冷少群走后的第三天，罗雨菲也来了北京，言小美去接她。望着眼前打扮性感的言小美，罗雨菲说："小美，你是在恋爱了，难怪变得这么漂亮。"

当然，她恋爱了，爱上了一个导演，爱得无怨无悔。

谈起冷少群，罗雨菲忽然叹口气，言小美的心突地变得紧张起来，罗雨菲意味深长地说："冷少群的公司周转出了点问题，你愿意帮他担当吗？"

"愿意。"两个字从她的嘴里蹦了出来，那速度，连言小美自己也感到惊讶。

拿着罗雨菲给她的地址，言小美连夜坐高铁赶到了杭州。

是在酒店，冷少群的对面还坐着一个男人，五十岁左右。冷少群低声告诉她，这个人叫乔哥，是个房地产老板，也愿意借给他钱，只是……言小美当然明白他的意思，她决定豁出去了，她怯生生地喊乔哥。乔哥说：“到我家去看看吧。”她就真的去了。

第二天早上，她拿着五万块钱给冷少群。其实，她心里很委屈。可是，她不敢哭，怕他不高兴。可是，才过了一天，冷少群问，可以再帮我吗？就只一句话，她再次屈服了。还是在酒店，还是一个老男人。她跟着那个老男人走的时候，冷少群正朝她微笑挥手，言小美的心突然被刀割了一般，她忽然不明白眼前的这个男人到底与自己有什么关系。

言小美突然决定回到北京。冷少群也不留她，只是问：“你不喜欢我？”他从来没说过他喜欢她，却质问她为什么不喜欢他。她也就没说话。

上火车的时候，她买了包烟，拼命地抽着，眼泪也就下来了。她不知道，自己这样到底是为了什么？是为了梦想吗？可是辞职都三个月了，她连试镜的机会都没有得到。是为了爱吗？她和冷少群有爱情吗？只有利用，赤裸裸的占有和利用。

言小美回到北京后，并没有去冷少群所在的公司，而是在对面租了个房间，另外找了份工作，偶尔，她也会去公司看看，每次都会看到穿得花枝招展的女人去找冷少群。不过，她没兴趣，她在等冷少群回来。

谜底在一周后揭晓。罗雨菲跟着冷少群一起回来了，没有回公司，直接去的宾馆。言小美悄悄跟了过去。直到此刻，言小美才知道，原来，罗雨菲所嫁的所谓富二代就是冷少群。他开的公司其实只是一个以帮助年轻女孩进入影视圈为诱饵，组织少女卖淫的机构。

言小美哭了，她不知道罗雨菲是不是这样被骗过去的，但她不怪谁，她只怪自己太傻了，真的太傻了。

她不能容忍再有这样的女孩子被骗了，于是，便把偷偷录下的语音证据交给了警方。

5

言小美去了深圳。后来，她认识了一名港商，只有三十八岁，未婚。她毫不犹豫地嫁给了他。再后来，她去了香港，过上了阔太太的生活，穿着几万元一件的外套，戴着价值几十万的珠宝。偶尔，她也会去一下北京，到以前和冷少群去过的地方待待。其实，她并不想冷少群，她所怀念的，只是那段爱的生活。

冷少群在狱中自杀的消息，是她在报纸上看到的。

她以为自己会大哭一场，可是那一刻，她只是把报纸狠狠地踩在地上，然后平静地对丈夫说：“亲爱的，我去给你做晚饭。”

她从没告诉过丈夫，她有过这么一段悲伤的青春。

烟花乱

1

莫小米是在酒吧认识刘子寒的。第一眼，莫小米就被高高瘦瘦，打扮得干净整齐的刘子寒深深吸引住了。莫小米几乎是颠着屁股跑过去的。

她跟他敬酒。他端起了酒杯，回敬。那优雅的姿势，像蚕丝一般绕住了她的心。莫小米喜欢这种心动的感觉。她不喜欢太邋遢的男人，比如谭谈。谭谈是她的男朋友，典型的富二代，才二十四岁就已经有两家公司了。莫小米上大学的所有钱都是他垫付的，才大二的时候，谭谈就把她的父母接到了城里，买了个三室两厅，还请了保姆，这一切，都是拜谭谈所赐。他说，等莫小米做了自己的妻子后，他就让她的弟弟做经理。莫小米的父母都说，有这么好的男人，值了。可莫小米不这么认为，她真的不喜欢谭谈，但又欲罢不能。

谭谈是爱莫小米的，明眼人一看就知道，而且很专心，她一有什么事，他就紧张得不得了。因为成天被众人捧着，她一度很高调地认为，自己这辈子，一定会找一个自己深爱的男人，不承想还是败给了现实。可是有什么办法呢，她唯一能报答生身父母的，也只有这么多了。

直到遇到刘子寒，莫小米突发奇想：在结婚之前一定要找个自己喜欢的男人，轰轰烈烈谈一场恋爱，哪怕粉身碎骨，也心甘情愿。

2

莫小米特意为刘子寒点了一首歌，然后要他的电话号码，却遭到了拒绝。莫小米的狠劲儿一下子来了，长这么大，她想做的事情还没有不成功的。

刘子寒向东，莫小米也向东；刘子寒向西，莫小米也向西。刘子寒把这条街走了整整两个来回，莫小米就笑，刘子寒就说:“你笑什么呢，我只是忘记了广场从哪条路进去。”原来是个路痴啊，莫小米心里说着。她抓着刘子寒的手，一直跑到广场，她真的想就这么抓着自己喜欢的人，直到天荒地老。

她送他回家。那是个什么样的家啊。在破烂的小巷深处，还是六楼。可以用三个字来形容房间的摆设：脏、乱、差。

原来是个“北漂”。

房间有把小提琴，那是莫小米最喜欢的乐器。莫小米拉了一首《月亮代表我的心》。刘子寒整个人都傻了，他说，你也喜欢音乐的啊。

莫小米给自己开了个微博，取了个契合现在心情的名字——好好爱一回。

之后，莫小米总会隔三岔五地跑到刘子寒的房间里玩。

刘子寒还是个自由撰稿人。

莫小米最喜欢拿着他的稿费单，一张张数，末了，加一句，你可以教我写稿吗？他便真的教她写，她也真的写，往往是半个小时就写好了，他改，却花费上几个小时。

她还想了解他更多，甚至包括他的过去，他看着她，只笑。她喜欢看着他沉思的样子，安静而祥和，好几次，她都想把自己的身体靠在刘子寒的怀里。她不喜欢谭谈的怀抱，一靠上，满嘴的胡须跟着就来了，她喜欢静静地拥抱，比如和刘子寒。不过，她一直不明白，刘子寒的定力怎么这么好。即使有时，她在他眼前换衣服，他也无动于衷。

生日那天，莫小米是和谭谈一起过的，在一家五星级酒店，两个人吃饭，却有三个人服侍。生日蜡烛送进来的时候，谭谈突然摸出一个钻石戒指，单腿跪地，说："小米，嫁给我吧，只要我有的，我什么都给你。"谭谈就是这么自大的人，他以为钱能解决一切，是的，钱能买来一个人的空壳，却买不了来自灵魂的真挚情感。

不过，莫小米还是满面笑容地收下了他的礼物。

晚上，莫小米找了个借口，打的直奔广场。

刘子寒就坐在那里拉小提琴，坐下，刘子寒摸出一页手稿说："给你写的诗，生日快乐。"莫小米整个人都轻轻颤抖起来，此时的她已经完全沉浸在浪漫的海洋里。刘子寒是喜欢她的，要不然就不会给她写诗了。

莫小米拖着他的手跑到广场的观光楼上，她早就打听清楚了，今天晚上会有一场流星雨。凌晨一点时，流星雨如期而至。莫小米靠着他的肩膀，说："子寒，很久以前，我也和你一样，充满了梦想，所以，当我第一眼看到你时，我就深深爱上了你，你知道吗？”

刘子寒和她照了一张大头贴，出来的时候，莫小米说，大家都说，恋爱中的女孩是世界上最幸福的人，果然如此啊。

莫小米在微博上写道，这是她人生第一次自主地恋爱，她陶醉其中，有了再活一次的感觉。

3

莫小米的婚事安排在元旦，蜜月旅行的计划也定好了。莫小米弟弟的事情也办妥了，谭谈在公司的股东大会上对他说：“好好干，将来你前途无量。”

婚礼前的一周，莫小米决定去找刘子寒。她决定把什么事情都告诉他，可是真正见到刘子寒时，她却什么也说不出来。

唯有拥抱，唯有热吻。但她分明发现，刘子寒变得憔悴了，也开始抽烟了，常在夜深人静时，一个人在阳台上吞云吐雾。也许，他已经从媒体的报道中知道莫小米要结婚的消息了，可是有什么办法呢？在现实面前，爱情往往苍白得不堪一击。

结婚的前一天，莫小米又去了他那里。半夜里，她几次从刘子寒温暖的怀抱里惊醒，她和他说着自己家里的情况，说着父亲的病，说着弟弟的事。她说，能让父母晚年有个安定的港湾，能让弟弟有份稳定的工作，这就是她的梦想了。

莫小米边哭边说。末了，莫小米说："子寒，对不起。"

刘子寒坐起来，点燃一根烟，看着她，一如以前的优雅。又过了一会儿，刘子寒说："小米，你放心吧，我不会打扰你的生活，自此，就当我们从来没认识过。"

莫小米是哭着回去的。她一直认为，自己在他的生命中会扮演很重要的角色，却没想到，他也能如此优雅地转身。她那天的微博，只有用泪写的一句话：伤，并痛着。

莫小米的婚期按期举行，接着就是半个月的蜜月旅行，在这其间，莫小米多次给刘子寒发短信，但都是杳无音讯。

回来后，莫小米迫不及待去找刘子寒，但已是人去楼空。在房东那里，莫小米拿到了刘子寒留给她的小提琴和一盒巧克力。刘子寒在信上说，不开心的时候吃一颗，什么烦恼就都没有了。

4

婚后的日子并没有莫小米想象得那么完美。谭谈天天忙着公司里的事情，很少回家。莫小米也不介意，她乐于做一个阔太太，今天和经理的太太去香港购物，明天找董事长的小蜜搓麻将。或者，在微博上发些琐碎的牢骚。

偶尔，也去下酒吧。坐在刘子寒坐过的地方，抿着酒，静静地沉思着。一切犹如昨天发生，却早已远隔天涯。

莫小米忽然想起刘子寒曾经对她说，他要写本小说。想到这儿，莫小米站起来，跑出去，拦了辆的士直奔书城。

刘子寒的书就摆在畅销书的位置上，封面上赫然写着“烟花乱”三个字。莫小米一口气买了三本。回来的时候，莫小米在微博上感叹，他终于成功了，终于实现了自己的梦想，他就像草原上的雄鹰，任何苦难和挫折都无法阻挡他前进的步伐。

书中的女主人公也叫小米。几乎是一样的遭遇。那个叫小米的女人，在酒吧邂逅了一个文学青年，两人也因此相知相爱。故事的结尾是，小米和一个富翁结婚了。所不同的是，在书中，小米做了个相夫教子的好妻子。而现实中，莫小米什么也不是。

莫小米是流着泪看完这本书的，以至于谭谈进来时，她都没发觉。轻轻替她擦了泪，谭谈随手翻了几页，说，这里面的女主人公怎么那么像你?

莫小米说，你不知道很多记者都在采访我啊?又轻轻地笑，你累了吧，吃饭了没?我去给你做饭吧。

谭谈突然站了起来，惊讶地走过来，摸她的额头，说，你没发烧吧?莫小米瞪了他一眼说，难道你认为我只是个蛮不讲理的人啊。谭谈就笑，那我该如何感谢你呢?

进厨房前，谭谈走到电脑前，轻轻关闭了微博，说，好好和我过日子吧。

有一种爱情，相忘于江湖

1

刚忙完新书签售会，我疲惫不堪地回到家里，洗了个热水澡，打开电脑，进入加拿大华人社区论坛。刚打开，便看到有封信跃入眼帘。是一个叫 Anny 的男子，他说很喜欢我那些细水长流的文字，他好久都没有受到心灵的震撼了。接着他洋洋洒洒地跟我提了一大堆意见，最后他说，他是我的老乡，都来自湖南益阳。也许是欣赏他对文字的不同见解，或者因为老乡的关系，我头一次回了一个陌生人的信。很快他又回过来，我再回过去……

我们就这样开始了交流，通过网络，开始彼此接触和熟悉。Anny 说话风趣幽默，不管我多么郁闷，只要他知道，几分钟内就能把我逗得眉开眼笑。Anny 最喜欢旅游，他在海外留学的三年里，基本上把半个美洲跑遍了。当听说我最向往尼亚加拉大瀑布时，他马上说："那我明年圣诞节在大瀑布旁的尼家酒店等你。"我微微一笑。虽然我们从没提过见面，但在内心深处，早把他当成我生活里不可缺少的一部分。

2

母校要举行百年校庆，同学都接到了邀请函。一天，一个同学突然带了我的新书来找我，说："也不把详细地址告诉我，害我到处找。"

见我沉默不语，他又说："袁老师想见见你。住院的这几天，他连在梦里也念着你，我们实在看不下去了，就过来找你了，回去吧。再不去，也许永远都没机会了。"

我的心一颤，连忙问："他没事吧？"

他说了两个字："晚期。"

我忽然觉得眼前发黑，身体一阵踉跄，几乎跌倒在书桌上。没有多说话，匆匆收拾完，我跟同学一起去了机场。同学突然问起秋子硕的消息：“听说他现在在加拿大的一所大学里教书，混得很不错，你没和他联系吗？他可是在到处找你呢。”

我的心微微一惊，却没说话。因为秋子硕，是让我如此仇恨的一个人。

3

袁老师的病房就在五楼。我们跑上去的时候，走廊里已经围了很多人。看到我的出现，大家都兴奋地叫起来，却有一个人迅速地转过头去。秋子硕。我装作没看见，风一般飘过他的身边，我明显感觉到了他身体的颤抖。

我和秋子硕青梅竹马。从小学到高中，他都是我的跟屁虫，我到哪儿他就到哪儿。我说我要考北京某大学，那是我从小的梦，他说要跟着我考，他不会让我孤单一人去北京。十六岁生日，他信誓旦旦地告诉我：“我已经是大人了，我能履行我的承诺了，相信我，我会让你成为世上最幸福的女人。”

高三，因为大病一场，他缺了一个月的课。我天天放学后去给他补课。有时他看我太累，就劝我不要来了。我固执地坚持着，我不想他的人生留下遗憾。

最后一次摸底考试，我出乎意料地排在了班上二十多名。而他却跃到了班级第一。为此，班主任把我狠狠批评了一顿。本来就为他补课弄得自己心力交瘁，再加上过大的心理压力，我病了。那个时候正是高考最紧张的时候，各科老师都在押题，秋子硕答应我，他一定把这一周多的上课笔记给我带过来。但他最终没有过来。我在无奈和失望中，走进了考场。

我发挥失常，最终以 560 分的总分仅仅排在学校第二十名，秋子硕比我少一分。虽然考得不太如意，但我还是毫不犹豫地报考了北京那个学校。出乎意料的是，秋子硕如愿以偿去了北京，而我却以一分之差名落孙山。后来我才知道，他的父母早替他打通了关系，在最后一次模拟考试，拿到了本校唯一一个保送生的名额。据说，那个保送生的名额本来是属于我的，但因为他家送了厚礼，我的保送名额才被抢走了。

同学又告诉我，任课老师猜中了很多题，光历史一科，就押中了一道 15 分的综合题，而我答得并不理想。最让我痛恨的是，那个口口声声说爱我给我幸福的人，在最关键的时候却弃我而去。

因为第二志愿没填，还是在袁老师的帮助下，我才进了一所二本院校，但这并不能消除我对学校的怨愤，对袁老师的恨。

上大学后，秋子硕曾经来找过我，却被我用扫把赶走了。我想，我和秋子硕之间算是彻底结束了。

4

袁老师在里面喊我的名字，很轻。同学们推推我，我犹豫了片刻，低着头走进去。袁老师的头发差不多掉光了，人也瘦了一大圈。他指着床边，示意我坐下。

“还对那件事耿耿于怀吧。说实话，我也能理解，一分之差，换成谁都难以接受。只是谁都没有想……我知道你不想听，但你确实误会秋子硕了，他并没有你想象的那么坏。至少他父母帮他搞定保送生的事情，他压根儿就不知情。”

我静静地听着。袁老师教了我六年，我曾经对他非常敬佩，可那件事的发生，彻底改变了我对他的看法。

“我也有错，在重大问题上没能坚持住自己的原则，牺牲了本来属于你的利益。这些年来想起这件事，我一直感到很惭愧。如果对我的恨能成为你前进的动力，那么我愿意担负起这个责任。”

我的心忽地一震。我没说话，默默走了出去。那两天，我的心一直纠缠着。说实话，我并不是一个心胸狭窄的人，即使年少时恨过、怨过，经过这么多年的磨炼，也早已烟消云散了。现在回想起来，就算保送生的名额给了我，去了北京，又能怎么样？能保证比现在的我幸福吗？我想不会，至少有一点，我一直对我现在的作家生活非常满意，或许在某种程度上，我还应该感谢他们。想到这儿，我立即给袁老师发了短信，说：我现在不再恨他了，真的。放下电话，我笑了。

5

出版社突然来电话，说让我过去一趟。因为催得急，我只好打电话跟袁老师告辞。袁老师说，有一个人也和你一起走，你一定要等他。半个小时后，忽然有人敲门。我一惊：是秋子硕。想不到，五年后我们居然会以这种方式见面。

他背对着我，显得很激动："我知道你一直恨着我。我没有阻止父母抢走本来属于你的保送名额，也没有及时到医院交给你上课笔记。大一时，我到你们学校，本来想给你解释，但你没有给我机会。我父母替我走关系的事我高考前一周才知道，他们深知我们的关系，一直瞒着，你也误会袁老师了，他在保送生问题上一直在为你据理力争。

“那天，我本来是要给你带资料的，却不想路上遇到车祸了，我被车撞了一下。到了医院，缝了几针，我本想挣扎着去找你，父母死活不肯，还把资料给撕了。高考前的那一周，父母一直守着我，他们怕你跟我抢名额。这些年来，对你，我一直心存内疚，我时常梦到你在梦中诅咒我。是的，我知道我该死，但这几年来我吃没吃好，睡没睡好，如果上天要惩罚我，我想也够了。

“你知道吗？很多人都问我为什么不找女朋友，都整整五年了，不是没机会，而是没人能替代你在我心中的地位。

“原谅我吧，为了你自己，也为了我们……”

他缓缓地转过身子，而此时的我早已泪水涟涟。秋子硕抱我入怀，我竟没反抗。我内心里彻底原谅了这个爱我又伤我的男人。

6

Anny 在社区里给我发了一封站内信。他说思虑良久，决定告诉我真相，他就是我恨了五年的那个秋子硕，并希望我不要介意他以这样的方式来接近我，还说希望能在今年的圣诞节和我相约在尼亚加拉大瀑布的尼家酒店。我给他回了一个微笑的表情，事实上在很久以前，我就怀疑他是秋子硕了。

2008 年圣诞节，我飞到了加拿大。秋子硕也遵守他的诺言，特意请假来陪我。跪在耶稣的神像下，我忽然想，难道爱情真的可以卷土重来？

7

我以为我能融进他的生活，但事实上，我错了。他邀请我去他的学校，但当看到很多学生投来的异样眼光，我忽然无比尴尬，尽管他一次又一次地给别人解释，但那只能徒增我的难过。我开始想离开这里了。秋子硕试图挽留我，我们为此还争执了好几回。

“子硕，我知道你的好，但我们真的回不去了。”内心挣扎了良久，我终于说出了自己的心里话，“我不再是以前的我，你也不再是以前的你，我们之间相隔的五年，是一段永远无法跨越的鸿沟。我想得很清楚，我不适合你。真的。”

“可是这几年，我心里装的一直是你。”

“你那不是爱，你一直都觉得你对不起我，所以你想赎罪。这样的感情，从一开始就是不对称的。子硕，作为朋友，我希望你能找到真正属于你的幸福。”

我决定去我最好的朋友那里。登上火车，我看见秋子硕拼命地追赶着，忍不住泪水涌了下来。子硕，你知道吗？也许从此我和我们的爱情将相忘于江湖，但我一直都会记得，曾经有一个女生为你活了八年，并且将会一直想念你，为你祈福，为你喝彩！

爱，在时光里柔韧穿行

1

我是在姨妈家认识谢小勉的。那一年，为了躲避计划生育，妈妈带着我和仅三个月大的弟弟，来到姨妈家做客。谢小勉却站在门口拦住我们，我张口就嚷："哪里的野孩子，快让开！"姨妈闻声出来，妈妈连忙说："孩子还小不懂事，你莫见怪。"姨妈却怜悯地摸着我的头说："这孩子三年不见，还是那个脾气。不过，也好，有个性的孩子必有大出息。"我不敢反驳，一张脸却涨得通红。

谢小勉忽然抢走了我手中的娃娃，那可是我最心爱的礼物啊，我生日时苦苦哀求父亲多日，他才答应给我买的。我连忙去追，被妈妈用眼神制止了："你是哥哥，要让妹妹。"她站在楼梯口得意地说："就是嘛。一个男孩子，抱什么娃娃，也不害羞，送给我好了，就这样定了，好哥哥。"

我自然不会轻易答应，为了不被妈妈骂，我跟她约法两章：娃娃可以借给她，但她保证要爱护它；还有在别人面前，她得喊我哥。看着她点头如捣蒜，我暗庆自己奸计得逞。

谁知第二天，她突然用棍子打我的屁股，我一骨碌从床上爬起来，揉着迷迷糊糊的眼睛，说："现在才几点，你催命啊。"她优雅地坐在凳子上说："徐天浩，有你这么懒的人吗？你可是天下绝种。"我没理她的茬儿，说："姨妈呢？你吃早餐了吗？"我跑进厨房，发现餐桌上只剩下一堆蛋壳，我冲出来嚷："谢小勉，你也太过分了吧，什么都不给我留。"她懒洋洋地伸了个懒腰，说："早起的鸟儿有虫吃，想吃，就不要睡懒觉。"我心里恨得不行，却拿她没半点办法。

2

其实，谢小勉也不是让我讨厌的人。不疯不闹的时候，她就坐在那儿看书，静如天山上的一株雪莲。谢小勉并不是姨妈的亲戚。她父亲是一名海军军官，母亲是医生，因为太忙，她平常就被托付给姨妈照顾。姨妈的儿女都在外，所以她非常高兴地答应了。这一照顾就是整整八年。

但我天生不是读书的料，看着她面前的那些书，我的头就晕了。初一的第一次期中考试，我是班上的倒数第一，她是顺数第一。于是，我跟她开玩笑："我们都是第一，中间只隔着七十八个名次。"谢小勉就过来拿我的手："去看书，去看书。"才坐了一会儿，我起身说："累了，我去打会儿篮球。"说着，抱着墙角的篮球就跑，谢小勉想来抓我，我从她的身边滑过去，气得她在背后大喊："徐天浩，你这么不爱学习，将来怎么办？"我朝她做鬼脸："我们家出一个秀才就够了。出两个，那是浪费啊。"

十五岁的谢小勉已经出落得如出水芙蓉般清新靓丽。在学校里，她是公认的校花，自然，追她的人排成了长龙。但她总摆出拒人千里的冷漠。有些人不死心，来纠缠她，我只好用拳头帮她解围。中考的前一周，为了她，我被几个小混混打断了一根肋骨。躺在病床上，我突然问她："你到底喜欢什么样的男生呢？"她托着下巴，严肃起来："一米七，魁梧，让我有安全感。英语好，将来能帮助我出国。"我突然不说话了。尽管我从没对她有过非分之想，但还是感觉心里很难过，毕竟我离她的要求相差十万八千里。

3

高一时，我回到了自己的城市，没想到谢小勉也跟着我过来了，我有些惊讶，她却撒娇似的说："我不跟你，跟谁？谁叫你是我哥啊。"有一天，她突然很认真地问我："你会不会照顾我一辈子？"我摸她额头："你是不是发烧了？"她甩开我的手，背过身去。望着她不停颤抖的双肩，我的心突然有种莫名的伤感。

上了高二，我依然在玩我的篮球，而她正忙着市里的演讲比赛。不久，她带了一个男生来找我。她让男生在外面等着，然后进来问我："你觉得这男生怎么样？"我头也不抬："不行。"就爬到床上，不再说话。谢小勉注视了我半天，恨恨地说："徐天浩，你是个大混蛋。"然后快步离去。

几天后，谢小勉又来找我："浩哥哥，要不你也好好读书，我们一起考大学。"我眯着眼看着她，她清纯的脸在晨阳里晶莹剔透。她就站在我身边，那么近，我的心柔成了一汪水：

"好。"谢小勉说："徐天浩，我可不是跟你开玩笑。谁考不上，谁就是乌龟。"说着，便和我拉钩。

高考结果公布，我真的做了"乌龟"，以10分之差与大学失之交臂。谢小勉以全市文科状元的身份，踏进了北京大学的校门。我和几个落榜的同学一起去读职专，刚交了钱，我就后悔了，我对妈妈说："我去读补习，我希望重来。"父母当然对我的决定十分支持，我去找谢小勉，到了她家门口，我又折了回来。我忽然发现，我要是再不努力，就只能以仰视的姿势和她对话了。

我不再是那个只懂得玩篮球的小伙子，年少的心在失败的耻辱中瞬间成熟，我开始静静地在房间里看书。谢小勉带着一大堆复习资料来找我，说："哥，你这样做就对了。这个月我给你补课吧，不过我可是要收费的哦。"我一脸委屈地说道："先欠着吧，等我有钱了，双倍奉还。"谢小勉用铅笔敲我的头，笑："这样吧，你今天欠我人情，将来答应我一件事。"

4

我开始没日没夜地看书。谢小勉也会一周准时给我寄一封信过来。她说她整天忙得要死，不是图书馆，就是社团活动；又说，她接了两份家教，周末忙得连吃饭的时间都没有。信的这头，我看得哈哈大笑。谢小勉的信摆满了一桌子，我却从来没回过，只因离别的那一天，谢小勉附在我耳边说：“哥哥，你要是学习忙，就不用回我。让我知道你平安就好了。”

寒假，谢小勉突然气势汹汹地来找我：“徐天浩，你为什么不给我回信啊？”我嬉皮笑脸地说：“是你说的，不用回的啊。”她连哦了几声，忽然用粉拳打我：“叫你不回你就真不回了啊。”我愣住了，谢小勉的眼光有些湿润。

高考结束后，我终于如愿以偿考上了省里的一所体育院校。国庆节的时候，谢小勉突然带了一个又高又帅的男同学来见我。看着男生对她照顾得无微不至，我想，这就是谢小勉电话里多次提到的那个喜欢她的好男人吧。

照例，谢小勉让男生待在外面，跑进来小声问我：“这个应该不错吧？”我望了望在外面等得焦急的男生，忽然心生不舍。我很认真地说：“小妹，人生的路上难得遇上几个真正对你好的人，你要珍惜。”却在心里说：“谢小勉，你一定要好好的，别让我担心你。”谢小勉蹦蹦跳跳地走出去，看着他们手挽着手离去，我的心，忽然一冷。

大三，大家都在各自忙着事情，我很少再和谢小勉联系。那年 7 月，谢小勉突然告诉我一个好消息：她考上我们学校的研究生了。我忍不住骂她：“好好的，不留在北京，回小地方，有什么出息？”她一脸委屈：“那儿不是没有你嘛，我想你了，想回去了。我不管，我是你妹，你这辈子就得好好照顾我。”我有些哭笑不得：“疯丫头，你不是有男朋友了吗？再说，我们又不是亲生的，我能照顾你多久？”谢小勉在电话里哭了：“不是亲生的又怎样，谁还像我们一样亲密无间？”

我的心，呆住了。我想，她是说对了。

还有，我觉得，我对谢小勉其实是有感觉的，要不然，当得知她有男朋友的时候，心怎么那么痛呢。

5

导师接了一个国家级课题，我几乎每天都泡在图书馆里，很少能看到谢小勉，只是在短信里彼此寒暄几句。那年的长沙，到处都是雪，我忽然担心她的身体，连忙买了台取暖器去看她。

她正在床上，发着烧，不清醒。我赶紧背着她去附近的诊所，又是吊水，又是喂药。忙活了大半天，我也迷迷糊糊地睡去，醒来时，我忽然觉得手臂凉凉的，抬头，她看着我，眼睛肿肿的。见我醒来，谢小勉说：“徐天浩，你是存心要让我感动吧？”我没说话，只傻傻地笑。忽然记起母亲说过的，南美洲有一种鸟，自从出生起，就相互依靠，互偎取暖，直至生命消逝的一天。难道，这也是我和她的宿命？

研究生毕业，谢小勉去了深圳。她在电话里告诉我，深圳如何好如何好，让我毕业后一定过去。

6

一年后，我在去深圳的汽车上，发生了车祸，从医院醒来，我发现自己少了一只手，撕心裂肺的痛，却又无法逃避。出院后，我回到了老家。

谢小勉是一个追求完美的人，她十五岁说的话，我一直记在心里。我给谢小勉发短信，我说我有女朋友了，不过去了。之后，电话不停地响，我不敢接。我怕我在她面前无法做到狠心。母亲责怪我：“这么大的事，你都不跟她说，害得我都不知道怎么向她撒谎。”我没说话，眼前却一片泪水模糊。

一周后，谢小勉突然一脸沧桑地出现在我的眼前，我惊住了，爬起来就跑。谢小勉在后面喊：“徐天浩，你这混蛋，你还欠我一个承诺，就算你跑到天涯海角，我也要把你追回来！”

那晚，谢小勉醉得一塌糊涂。她说：“徐天浩，我一直都喜欢你，从八岁喜欢到二十五岁。现在我辞职回来陪你，你不可以对我这么残忍，知道吗？”我无助地用一只手抱着她，说：“对不起，我不知道，在你面前，我一直很自卑。我既没身高，也不魁梧，现在又少了一只手，离你的要求十万八千里。”她突然狠狠咬了我一口：“徐天浩，那些年少轻狂的话，你还记得啊。”她又说，其实她一直没男朋友，那些她带来见我的，只是她的死党，目的只是试探她在我心中有多重要。她还说：“徐天浩，你怎么这么讨厌，总将我的心霸占得满满的，让别人一直都没插足的空间。”

我平静而幸福地听着，脸上却是一片汪洋。我从她九岁守护到二十六岁，现在我终于知道，我是爱她的，那些爱一直都在时光里柔韧穿行。现在我累了，需要一个依靠，所以上帝就策划了那场车祸，让我小小的心，在爱的温暖里，饱满而有力地绽放……

左手光阴，右手爱

1

安小树和朴小菲是在校园文化节上认识的，在那年的3月。樱花灿烂的季节里，两个人都被安排采访同一个教授。安小树第一个赶到，正想采访，突然背后有人叫他，转身，朴小菲像风一样飘了过去，录音笔已经对着教授了。安小树本想喊：朴小菲，我可是先到的。但看着教授和她聊得投机的样子，只好硬生生吞了回去。

说也奇怪，接下来的几次采访，安小树都落在了朴小菲的后面，为了显示风度，安小树还是等着朴小菲一起走。分别的时候，朴小菲扔给他一本日记本说，多学习吧，我看你弱不禁风的，怎么跟我抢风头啊。安小树只好一脸苦笑跟在后面。

年末，朴小菲无可非议地拿到了学生会最佳记者荣誉称号，她对两手空空的安小树说："小弟弟，知道我外号叫什么吗？叫姐，今天姐高兴，我请客。"说着，拖了他就走。

手指交错的刹那，安小树心里一阵慌乱，他知道自己是喜欢上了这个来自尼泊尔，一直生活在中国的漂亮女孩。只是，她喜欢自己吗？安小树不知道。他只知道，朴小菲看自己的眼神都是若即若离，还有，给她看自己的作品，每次都被批得一无是处。有时候，安小树甚至想，难道自己上辈子和她有仇，要不然朴小菲何以这么容不下自己。这样想着，安小树心里那股爱意就像冬天里的开水，凉了又凉。

遇到朴小菲时，安小树真想大胆说出自己的想法，可是转念一想，也许只是自己一厢情愿罢了，这个身上带着尼泊尔皇室血统的贵族女孩，能看上自己这个穷小子？安小树苦笑着走开了。

2

大二时，朴小菲说，你给我介绍个男朋友吧，我想轰轰烈烈地谈段恋爱。安小树转过头去：要找，你自己去找。心却狠狠地疼。大三时，朴小菲说："告诉你，姐我谈恋爱了。"安小树一张脸变得苍白，却竭力控制着自己的情绪，恭喜她。朴小菲关心地说："你脸色怎么这么差，是不是紧张我了？"安小树侧过头，"没有的事，我昨晚没睡好，我先不和你说了，回寝补觉去。"

安小树狠狠地哭了一顿，室友惊讶地说，男人也哭，害不害臊？安小树伤心地说，谁说男人不能流泪，只是没到伤心处嘛。室友都劝，你要是真喜欢她，就干出点事业来，等你强大了，就是抢也能抢过来。再说，人家毕竟也是尼泊尔皇室成员的亲戚，你没点身份，这事怎么成？安小树触电般站起，大声说，对，我要创业，我要活出个男人样来。

再次见到朴小菲是在图书馆，她的身边跟着个瘦男人，一阵风就能吹跑的那种。安小树凑过头，低声说："你就这水平啊？"朴小菲觉得这是对她的挑衅，她狠狠白了安小树一眼，扭头就走。只剩下一脸失望的安小树。

安小树去医院做体检的时候，遇到朴小菲几次。他很想追问朴小菲来这里做什么，但看到她行色匆匆的样子，欲言又止。

安小树和同寝的两个室友一合计，开始做起租赁西装的生意。安小树在校内找了个门面，又和校外的干洗店谈妥合作的事情，经过简单装修后，安小树的店开始营业了。

因为太忙，安小树几乎没空去找朴小菲，朴小菲倒是来过几次店里，每次都一个人，有时，安小树就笑，“怎么，你的跟班呢？”朴小菲喃喃地说：“有些事，你不明白的。”

那年7月，朴小菲也来店里帮忙，朴小菲给了安小树一张名片。朴小菲说，将来，等你有空的时候，来尼泊尔，我给你做向导。周末，安小树带着朴小菲去山顶，满山遍野的野花，虽不能说姹紫嫣红，也算得上五颜六色吧。安小树给每棵野花都取了个好听的名字，比如小黄啊小刘啊。朴小菲说：“知道这些花为什么这么好看吗？那是因为，它们从来不觉得自卑，不管出生在哪里，它们都能朝着太阳，勇敢地欢笑。”安小树心里一动，沉思了片刻，说：“小菲，其实我很想跟你说一句话，我……”结果却被朴小菲的电话所打断。

晚上，朴小菲就上了回尼泊尔的火车。安小树去送她。火车开动的时候，朴小菲想起了什么，连忙问：“安小树，白天去看花时，你是不是有话要对我说，再不说，你就没机会了。”安小树跟着火车跑，大声说：“朴小菲，我想告诉你的是，这三年来，我一直都爱你，可惜，你已经有了男朋友。可是，在你心里，你曾经爱过我没有？”朴小菲拼命摇头，再摇头。安小树彻底崩溃了。整个夏天，安小树都过得很低沉。

3

直到秋天，安小树才振作起来，在两个伙伴的齐心协力下，事业也风生水起。不久后，他成立了公司，业务拓展到市区的所有高校，每天都租出四五十套西服。安小树也成了有名的校园创业者，不少女生都主动献殷勤，但他却不为所动。闲暇时，安小树总会去山顶坐一坐，朴小菲的影子就像放电影一样，从眼前飘过。有时，安小树想，自己是不是中了她的毒，要不然，一个对他摇头的女人，这么多月过去了，自己为何一直无法释怀？那本日记本，安小树舍不得用，就放在床头，每天睡觉前，安小树都要靠它来取暖，看一看，心里便有了甜蜜的味道。

冬天的时候，安小树利用手中的积蓄，在城区买了套房，又把父母接了过来。他加了朴小菲的 MSN，消息发出去后，一直没有回音，手机也停机了，朴小菲就像从这个世界凭空消失了一样。那几天，安小树失眠了。

安小树突然做了一个冲动的决定：去尼泊尔找她。室友被他的决定吓了一大跳，继而支持他：去看看也好，看了你才会死心。

安小树去了尼泊尔。在参观加德满都王宫广场后，安小树走进了一家茶馆。馆子里稀稀落落坐了几个人。安小树正要出来的时候，突然看见一个男子手捧着大束玫瑰，跑了进去。顺着男子跑进去的方向，安小树看见那男子，跪在了一个妙龄女子面前，叽里呱啦地说着话，虽然听不懂，但也能猜得出来，那是在求婚。让安小树惊讶的事情发生了，那女子拼命摇头，然后哭着接过了玫瑰。男子牵着女孩走出来的时候，安小树顿时觉得全身血液都在倒流，摇头不是表示不同意的意思吗，怎么她还接过了花？

安小树忍不住走了上去，拦住男子，拼命打手势，那意思说，她摇头了，你怎么还这么高兴？男子忽然笑了，男子用不太标准的普通话说："你是中国人吧，难怪你不知道，在我们尼泊尔，摇头就是点头的意思。你是不是遇到什么麻烦事了？"

安小树一颗心直往下沉，那天在火车站送别的情景又浮了出来，他问朴小菲爱不爱他，她却一直摇头。他也没有勇气再找她。直到现在他才明白，摇头就是表示同意的意思。面对爱情，他是一个多么傻头傻脑的白痴啊！安小树想起朴小菲说的那句野花从来不自卑的话，摆明了是暗示他要主动，可是自己居然没听出来。

安小树恨不得朝墙上撞，被男子死死抱住。男子说："兄弟，没有过不去的坎，你把她的地址告诉我，我带你去找，她要是真心喜欢你，就一定会等你的。"

安小树把当初朴小菲给他的名片掏了出来。男子说："这个地方我知道，我马上带你去。"

坐在男子的三轮车上，安小树的一颗心都飞到了朴小菲身边，一年过去了，她还在等自己吗？是不是都已经结婚生子了？安小树心里只好暗暗保佑，但愿一切都还来得及。

车子左拐右拐到了一个偏僻的小山村，是一座希望小学。男子走到门口咨询了一下，然后笑着说："你找的人还在。祝你好运。"

4

安小树走进学校的时候，一个中年人热情地跑过来说，你是来找朴小菲的吧？安小树诧异地说，你怎么知道是我？中年人笑着说，一年前，朴小菲来的时候，就告诉我，如果有一个叫安小树的人来，一定要帮她留下来。中年人把他带到了朴小菲的房间，远远地，安小树就闻到了野花的香味，屋子里到处都是野花标本，他的照片贴得到处都是。中年人说，这一年来，朴小菲都是靠它们取暖。

安小树说，那她的男朋友呢？中年人笑了，朴小菲都告诉我了，那是一个追了她整整三年的男孩子，后来得癌症了，在生命的最后时刻里，想让她做一个月的临时女友。小菲就是这么善良的女孩子，一心软就答应了。

安小树的脑袋一阵发晕，难怪在医院的门口，好几次遇到她。中年人告诉他，朴小菲去皇宫了，她姑姑给她安排了一场相亲，对方是某部长的儿子，朴小菲本不想去的，实在推不掉。

仿佛过了一个世纪，安小树见到朴小菲的时候，是第二天下午。朴小菲的身边还跟着一个西装笔挺的男人。两个人就那么呆望着，朴小菲突然哭了，她说，你是来给我送结婚喜帖的吧？安小树摇头，“我女朋友都没有，怎么会有结婚喜帖呢？”朴小菲说：“我还在等我喜欢的那个人来找我呢，我足足等了一年了，要是还不来，我随便找个人嫁了，让他一辈子后悔去。”安小树狂喜地说：“这不是来了吗？”继而，两个人紧紧抱成了一团。

房间里只剩下两个人时，安小树怜惜地摸着朴小菲憔悴的脸蛋说，这一年让你久等了。朴小菲笑着说，知道我现在叫什么吗？叫犀利姐。以后，以后你加倍补偿犀利姐，明白不？安小树流着泪，拼命点头。

安小树从身上摸出一本日记本，朴小菲惊讶地说：“怎么还没用？都好几年了。”安小树说：“这是我喜欢的女孩子送给我的礼物，我不舍得用，我要保留着，就和我们的爱情一样，一生一世……”

第三辑
有些爱，只能揉成云

最美的玫瑰不是开在你面前，而是盛开在你心里，融化了一切苦难和风霜，留下希望和芬芳……

三十秒，是相守一辈子的理由

灾难说来就来，全然没有任何预兆。

男人正在租住的民房里休息。男人受伤了，上工地时，钉子不小心扎进脚心里。

“轰”的一声巨响，男人从睡梦中惊醒过来。男人愣了一下，看看四周，他第一反应就是，火灾。男人顾不上脚上钻心的疼，只穿着内裤就往外面跑。

院子里到处都是惊慌失措的人，哭声、尖叫声乱成了一团。男人看见滚滚浓烟从隔壁院落里腾起老高，蹿起的火苗迅速染红了天空，救命的哭泣声在烟火里翻腾起伏。

男人似乎听见了女人呼唤他的声音。

来不及多想，男人一脚踢开隔壁院落的大门。疼，剧烈的疼痛让他一下子摔倒在地上。挣扎着爬起，男人看见一个小孩从火海里冲出来，头发被大火烧着，浓烟呛得他身体严重变形。

有人抱着棉被跑过来，有人拨通了119，有人提着水桶还想往里面冲。

然而巨大的火苗让所有人都不敢前行。

男人想起了女人，他想起女人出门时就是往这个院子方向走的。

男人着急起来，喊女人，没人应。男人心急如焚，再喊，没人应，再喊，没人应，还喊，还是没人应，继续喊、喊、喊！

男人不顾一切向前冲，可是火势太猛了，一团巨大的火球向他席卷过来，男人只好往后退。透过火球的间隙，人们看见了房间里面摆放的两只液化气罐。

“液化气罐就要爆炸了，不能再进去了，太危险！大家快撤！”人群里有人尖叫起来，接着大家一窝蜂往外面跑，没人再理会他，他一个人孤零零地站在院落里。可是里面确实有人，他分明听见了孩子的哭叫声。

泼水，裹着棉被就往里面冲。男人担心女人的安危。他不敢有丝毫懈怠。这几天，男人和女人一直处于热战中，为父母，为儿子，为生活，每天都在无休止地争吵。闹到最激烈的时候，离婚就成了必须面对的话题。

她说离就离，房子和家产都归我。扭头就走。

男人也以为他对女人没感觉了，只是在火灾发生的刹那，他分明感觉到了女人对自己的重要。如果女人出了事，这辈子，男人都没办法原谅自己。

从冲进大院到跑进火场里，他用了仅仅十五秒，他就那么光着脚冲进去，没有丝毫的犹豫与胆怯。一切都在瞬间，从外面冲进火场又折回来的人都被吓呆了，没人喊，没人叫，大家都只是惊恐地看着，屏住呼吸呆望着。

棉被一下子就燃烧起来，男人感到了火辣辣的疼，灼热的火舌不断向他席卷过来，但更要命的是，一截房梁倒了下来，不偏不倚正好打在他的后背上。男人扑在了地上，他感觉骨头就像散架了一样，疼痛难耐。那一刻，男人感觉到了死亡的气味。可是，他知道自己不能倒下，他的妻子还在等着他，邻居家的孩子还在等着他……

男人挣扎着爬起来，跨过随时可能爆炸的液化气罐，继续往里面跑，他边跑边喊女人的名字，还是没人应。

在最里面的小屋里，男人隐约看到躲在水缸旁的两个小孩，没有女人。男人来不及思考女人会跑到哪里去了。救人要紧！他连人带被往水缸里一跳，爬起，一手抓起一个，就往外面跑。

刚跑了几步，棉被就滑落在地，顾不得捡，男人继续往外面跑。火势越来越凌厉，屋子有随时倒塌和爆炸的危险。外面的人们不敢再救火了，纷纷退到院子外面，揪心地盯着大火里的那扇门。

十五秒后，男人抱着孩子，终于跑了出来，一米，两米，三米……人们这才发现男人的头发已经变成了焦黄，内裤也烧得只剩下一半，而地上是一条殷红的血迹。

人群中不断有人跑过来给他送鞋，送绷带，送衣服。而男人的目光始终在不停地搜索。蓦然之间，男人看到女人跟随着一队消防官兵跑过来。

男人被扶上了担架，送往医院，女人跟随在后面，一直握着他的手。十秒钟后，传来一阵震天巨响。被烈火灼烧许久的液化气罐终于爆炸了。

医生说男人要在医院里躺半个月，他的身体有百分之五十的烧伤。

男人是到医院三个小时后才醒的，女人一直紧握着他的手，从没松过。

女人满脸泪水。女人说，我本来是到隔壁家借钱，可想到你的种种不是，我就恨，我出来了，改去法院……火灾发生的瞬间，怕你有事，给你打电话，一直没人接，我就往回跑，摔倒了无数次……要是你因为我出了事，我这一辈子都不会原谅自己。

女人抱紧了男人，心疼地问：要是我不在里面，你还会一如既往地冲进去吗？

男人缓慢地说，会。不仅仅因为你，还有孩子，他们是一个家庭的希望，我别无选择。

女人流着泪，点点头。女人说，我知道你一定会去的，正因为这个，我才更在乎你，更担心你。生命遇到危难的刹那，我才发现能和你在一起是多么幸福啊！哪怕天天吵架，哪怕你在救人中受伤，哪怕你变成了残废，只要能看着你，守护着你，能跟你一起活着，我什么都可以承受。无论贫穷、疾病、苦难，都不能把我们分开。可是你知道为什么会这样吗？

男人摇头。

女人哭着说，这三十秒，是我们，相守一辈子的理由。

爱情天梯

在火热的年华里，他们是彼此的全部，还发誓这辈子他们都不离不弃。

只是，十岁的差距，是他们那个年代无法跨越的鸿沟。她找到他，说，散了吧。

他不肯，说这辈子都认定她了，比他大又怎样，是他的表姑又怎样，再疯狂的流言蜚语也阻挡不了他前进的步子。

那个寂静的夜里，他跑去找她："咱们私奔吧。"

她做梦也没想到，他会说出如此大胆的话来，但来不及多思考，她还是带着四个孩子和他一起走了。

先是住山洞，采红子菌，吃野果。后来，她就跟他商议，总住在这里也不是个办法。他们就开始烧砖，烧瓦片，用泥巴糊墙。已记不清，建那三间瓦房，用了多少岁月，但她清楚地知道，那些出自她手的瓦片，整整烧了两年时间，不分日夜。

他下了一趟山，带回来了种子和盐。回来的时候，他看到她点着火把，正站在山头张望。看到她潮水一般的眼睛，他不由得一阵阵心疼。他向她保证，不管有多远，他一定会在十二点前赶回来，他不想再让她一个人孤零零地在山上翘首以盼。

孩子渐渐长大了，为了读书，一个个离开大山。随着最后一个孩子的离开，她也想家了，想回去看看。他握着她的手说：我给你修条下山的路。

他拿着锤子就开始了。陡峭的悬崖，没有任何现代化的工具，他只能靠最原始的方法，一点点地打磨。一天才能前进几米，有几年，他只能修好一百个阶梯。但饶是如此，他都没有放弃，他心中只有一个心愿：修下去，修一条让妻子回家的路。

有一次，他终于因支撑不住，累倒了。他在床上躺了半个月，她心疼地说：“不修了，我不回去了。”他就笑：“还记得我们下山回来后说过的话吗？”

那次下山回来后他们聊到了一对情侣，男的因为女的残废了就把对方抛弃了。她非常认真地问他：“如果有一天，我也发生意外了，你会不会同样对待我？”

他摇摇头，他说：“我只会用一颗真心去对待你。”

她觉得也是。

身体刚好一点，他就挣扎着下床，他一直惦记着那条下山的路。

他曾经说过，只要他的双手能动，就算一天只能前进一米，他也不会让自己闲下来。因为，那是他的梦。

转眼春去夏来，秋去冬来，他以为他这辈子都没法子把这条路修好了。

没想到梦还是成了现实，只是那时他已经头发斑白。

五十六年了，她还是头一次下山，很不习惯，他就扶着他，哼着山歌，沿着阶梯一步一步走下去。当脚步离开第六千级石阶时，她突然泪流满面。

从老家回来，他说：“如果有一天，我们哪个先去了，就埋在石梯的旁边，活着的那个下山和孩子们一起生活。等我们都走了，就让孩子们把我们合葬在这石梯旁，我们活着时没有分开，死了也要在一起。”

她听到了，流下一滴温暖的泪。她想的和他一样。

只是她没想到，他会比她先走一步。她遵照他的遗嘱，下了山。

只是，每一天，她都会搬着凳子坐在屋后，遥望着那条长长的石梯，或许是在相思，或许是在期待着和丈夫重逢。

他们的名字很普通，他叫刘国江，她叫徐朝清。那条长长的石梯，人们称之为爱情天梯。

一朵花能开多久

那时，男人在一个学校里当老师，女人是设计师。两人是在一个相亲节目里认识的，并且一见钟情。

男人喜欢爬山，女人每个周末就陪他爬山，每次，男人都会折一朵含苞待放的野花插在她床前的瓶子里。男人说："你是上天赐予我的天使。这样美丽的鲜花，也只有你的善良和贤惠才能匹配。"有时，女人就调皮地问："那一朵花，能开多久？"男人牵着女人的手："在我心里，就是一辈子。"

后来，男人和女人准备结婚。那天，下着很大的雨，男人去接亲的时候，突然一辆大车从背后冲过来，眼疾手快的女人把男人推开了，自己却被撞飞了好几米。

女人被紧急送往医院。急救室外，男人心急如焚，但还是等到了不幸的消息，因为严重颅脑外伤，女人一直处于深度昏迷中，很可能一辈子都无法苏醒过来。

男人被吓坏了，好半天才从恐惧中平静下来。接下来的时间，男人一直守护在女人床边，他希望女人能醒，但是一周、一个月、两个月过去了，女人依旧处于昏迷中……

昂贵的医药费让两个家庭都感觉到沉重的压力，于是有人劝他，算了吧，抬回家去吧。男人不肯。还有人劝他，赶紧再找个人谈恋爱吧，难不成终生守着个活死人？男人不肯。男人说："我心中的这朵花，只为她一个人开放。"

男人说什么也不让人把女人带走。为了筹钱，他已经把自己所有值钱的东西都卖了，但仍不够。男人只好写稿，拼命地写。

当男人的稿子雪花般在各地的报纸上发表时，他和女人的故事也引来很多人的关注。其中有一个人愿意提供所有的住院费用，直到女人苏醒。

但被男人拒绝了。那是他的初恋。

他们是青梅竹马的一对。只是她后来遇到了有钱人，便抵挡不住诱惑，跟着有钱人跑了。她以为自己嫁入了豪门，只是没想到，豪门的日子并不是她想的那么简单。终有一天，她忍受不住，离婚了。也就是这个时候，她才发现男人的好。她开始满大街寻找，只是，男人已经离开，去了女人所在的城市。

她在报纸上看到男人的消息后，立即赶到了男人所在的医院，也见到了深情的男人，她觉得更值得珍惜。她甚至说，让我和你一起照顾你的女友吧。尽管他一再委婉拒绝，她依然爱意频传。她给他垫付了一年的住院费。他说谢谢，你的情我接受不了，钱我会慢慢还你。

尽管有男人的精心照顾，女人依然没醒，而且好几次都送进了重症监护室，但是他依然没有放弃。只要有十万分之一活下去的机会，他就不松手，不放弃。

后来，男人在电视上看到舔植物人的脚心，可以帮助病人提前苏醒。男人便在每天早上起来和睡觉前，给女人舔半个小时脚心，其他时间就做按摩，或者和女人说话。他把这种方式叫情感呼唤。

因为太过操劳，男人几次昏倒在女人的床前，但只要一醒来，他就会继续呼唤着女人的名字。

也许他的诚心感动了上天，女人的身体慢慢有了知觉。

那天，男人的前女友再次来找他。她劝他："于情于理于爱，你都尽到了自己的责任，可是你女友复苏的可能性太渺茫，还是回到我身边吧，我可以和你一起照顾她。”可是男人的心里只有一个念头，女人是为了自己才撞成植物人的，他不能再离开女友，一定要把女友唤醒。男人送前女友回来后，猛然发现女人的眼里噙满了泪水。

男人像个小孩子似的叫起来，他终于看到了女人苏醒的希望。好转一直在持续。女人似乎可以听懂人们的谈话，会用眨眼睛来表示她的看法，会和人握手。之后，男人的前女友还打过几次电话，男人就说，知道我为什么一直能坚持到今天吗？那就是因为幸福和爱。

前女友依然不死心，七夕情人节那天，她捧了一大束玫瑰过来，希望男人能回心转意。就在窗外，她怔住了。此时，男人正在和女人说着话，半年不见，男人老了、瘦了，但依旧精神抖擞。男人的手始终和女人的手握在一起，她依稀听见女人的声音：“我要尽快好起来，用我的一生一世来回报你，我们永远在一起。”

她的眼里忽然就流出了眼泪。她没进去，花是让护士送进去的。

她想，那束花，只配送给这对痴情男女。因为，花开在心里，就是一辈子。

你的票还在

在没有遇到女孩之前，他一直以为自己是这个世界上最平凡最自卑的男孩，一米五八的个子，长相普通的脸上还夹着几颗红斑。在大学里他是一个沉默寡言的人，没参加任何社团，也没有做过任何兼职，他的生活就是寝室—食堂—图书馆，三点一线，直到毕业。当然也谈不上女朋友了。他一直以为像他这样的男生没有女生会感兴趣。

直到认识了她——电视台的一位记者。他们认识得也很有缘。那次劳动节他回家，在大山深处遇到了迷路的她，她本想去采访一位隐世的奇人，他很荣幸地当了一回向导，他们聊得很投机，分开时各自留下了联系方式。原来她和他在同一个城市生活。

难道这是天赐的缘分？这样想着时，他就幸福得睡不着觉。回城时，他发现女孩居然在公司门口等他，“为了感谢你上次的帮助，我请你吃顿便饭，赏脸不？”女孩大方地说。他愉快地答应了。在高雅的餐厅，他饶有兴趣地欣赏着她吃饭的姿势。他喜欢这种浪漫、温馨的感觉，也喜欢女孩举手投足间散发出来的气质。他想，这也许是他这辈子吃得最开心的晚餐了。

吃了饭，他邀请她到他的住处小坐了一会儿。他的房间里还住着一个阳光男孩，叫川，长得又高又帅。出来时，他看见他们谈笑风生，他突然感到了一丝醋意。那一晚，他失眠了，他想他是找到了爱的感觉。但是女孩会喜欢他吗，像他这样的男生，平凡如一颗路边的小石头。他想找个人咨询。川听了他的想法，一脸的惊讶，“你怎么这么不相信自己呢，要不我给你打听打听吧。”他相信了他，一直以来他都把川当成了自己最好的朋友。他把她的号码给了川，然后川像一阵风似的跑了。他突然感到一丝莫名的哀伤。

后来她会常来他的住处坐坐，然后三个人一起吃顿简单的晚餐，她每次都会把川喊上。有一次他因公司临时加班提前走了，回来时他看见他们还坐在那里畅谈，站在门口，进也不是，退也不是。女孩也有点尴尬，“我还有点事，我得回去了。”他本来想去送，但川比他先了一步。

他开始怀疑自己的直觉，也许女孩并不喜欢他，她来这里只是为了接近川。看到川走开时那得意的表情，他感到心被狠狠刺了一刀，鲜血淋淋。这么想着时，他感觉自己是一厢情愿了，女孩那么优秀那么漂亮，他这只青蛙怎么配得上她呢。其实他很优秀，公司里的人都知道，只是他自己不这么想。他一直生活在自卑中。

他开始有意识地躲避女孩，该六点下班的时候，他会拖到八点，有的时候他干脆在办公室里熬夜。他一心扑在了工作上，但只要停下来，眼前就会飘起女孩的影子。他明白他是中了情毒，但另一方面又觉得自己配不上她。他一直这么执着地认为。他是个内敛的人，当然也谈不上表白。后来他干脆搬到外面去住，有几次他在公园里散步遇到了女孩，他总是会提起川，“其实川挺不错的，人帅，脾气又好。谁要是嫁给他，肯定很幸福”。他这样说时，都不敢看她的眼睛，其实他想说的是:“今天晚上，我们一起去散步看星星，好吗?”只是话到嘴边又吞了下去。有一次他在公园里看见他们，川想去牵她的手，被她甩开了，她向后转头的时候一眼瞥见了发呆的他。他开始疯狂地跑。他没有想到她会在后面追，他知道这个消息时人已经在上海了——他离开了公司。他一直认为他的春天永远不会开花，有时他干脆把这归结于他的宿命，小时候有个算命先生就这样说过。他不得不相信命，他一出生，上天就安排好了他的结局。

后来他又听说女孩曾经来上海找过他，但当他醒悟的时候已经迟了，川和她好了，他也就没有去找她。

伤心的时候他会一个人喝酒，越喝越伤心，那个时候他才知道是自己错过了爱情的航班。命运对每一个人都是公平的，都给了上船的票，只是他没有把握住。

一年后他被公司任命为东南地区执行总裁，回到了原来的地方。

下飞机后，他买了一盒她最喜欢吃的口香糖，在广场里漫无目的地走着。经过一片花丛时，他突然发现对面有一个穿粉红色长裙的女孩正朝这边望着，手里还提着一个包。清风托起纱裙和一头飘逸的长发，在朝阳的映衬下，宛如一片轻盈的红云。

他愣住了，这身影太熟悉了。片刻后，他飞也似的朝那片红云奔去。他看着她，轻轻地问："你的船上还有位置吗？"她说，"你的票还在。"他把她紧紧抱住，泪雨纷飞。

世上最深邃的爱情

那一年，他三十六岁，娶了现在的妻。其实，他不想再娶，只因，曾经受过很重的伤。

他的前妻，和他是自由恋爱认识的，谈了六年。本以为这是一段让人羡慕的爱情，他甚至都有了做一个尽职丈夫的想法，她却跟人跑了。

她是嫌他太穷了。她说，再刻骨铭心的爱情也抵挡不住物欲的诱惑。还说，她还是爱着他的，只是她希望自己的日子能过得好一点。说完义无反顾地走了，即使他跪在地上求她，她也视若无睹。

那晚，他醉了，他发誓，从此以后不再相信爱情，不再相信女人。

就这样，迷迷糊糊过了四年单身的日子，直到弥留之际的母亲哭着求他再婚。

他便找了现在的妻，一个又黑又矮的女人，小他五岁，因为长相不好，相了几年亲，都没人要。他也只是看了一眼，便定了这门亲事，他不爱她，娶她进门，只是为了母亲的遗愿。

新婚那天，他跑到母亲的墓碑前，哭了一个下午。

有人给他送饭过来，他转头，见着了一张丑陋的脸，便冷喝她离开。他只会带着喜爱的女子来给母亲看。他不爱她。

他的脾气变得又怪又差，总是挑她的刺，嫌她做的菜难吃，嫌她做事太慢。而他说这些时，正坐在沙发上，喝着茶，悠闲地看着电视。

可她总是笑嘻嘻地说她改。

可是她对他越好，他的脾气也就越大，开始时，只是喝醉酒打她，后来心里不顺就打人。累了，他就跑到外面找女人，而她总是逆来顺受。只因，她对他心存感激，一个三十岁的丑女人，能成个家真不容易。尽管他有着这样或那样的缺点，她相信，总有一天他的心能容纳自己的。

她找了份槟榔厂的活干，晚上还做凉席，一针一线地穿着。她说，多赚点钱好养家。

她给他买了件笔挺的西装，给他换上，然后说，以后穿这件出去吧，好看。

这话让他的心一阵颤抖。他突然想起，之前经过一家超市时，看到玉器在打折，他看中了一块，他想，戴在她脖子上一定合适。他心动了，可最后没买。

那个晚上，他喝多了，从高空摔下来，摔伤了腿，是她打着手电找到的。她背着他，一步一步朝诊所走。

也不知道她咋那么大的力气，一个一百八十斤的男人，硬是被她背了将近三里路，而平常她连八十斤的化肥都背不动。

他在家躺了整整半个月，而她衣不解带地照顾了他半个月。也就是从那个时候开始，他才知道，这个世界上还有一个女人如此心疼他。

腿好的第二天，他就跑到超市给她买了一块玉。那是第一次有人给她送东西，她小心翼翼地戴在脖子上，雀跃着说，好看吗？男人说，好看，我还去给你买。女人说，那不是要花很多钱吗？男人把她搂入怀里，眼睛里一片湿润，傻丫头，花再多的钱，只要能买到快乐，那就够了。

男人还给女人买了一大堆衣服，女人一件件穿着，走到镜子面前像小鸟一般雀跃着。女人说，原来我也这般好看啊，怎么以前没发现。女人又说，这些真的是送给我的吗？我可以穿着它出去吗？男人捏了捏女人的脸蛋，笑着说，当然。

不久后，他们便有了自己的孩子，男人带着女人和孩子去给母亲上香。男人在母亲的墓前磕头，说：“妈，我把媳妇给您带过来了，您放心，今后，我一定会好好对她。”

女人在母亲的墓前狠狠磕了几个头。女人说：“娘，我会做好您的儿媳妇的。”

男人把酒戒了，也不再在外面花天酒地。男人的心中只有女人一个，因为，那已成为他生活的全部。

原来，爱情，不管起点是什么，结局一定是生活。而这个世界上最深邃的爱情，不是浪漫，不是攀比，而是，我容你，你容我，相濡以沫，天长地久。

一朵一朵玫瑰开

自从剧组离开这个小村后，她也就跟着消失了。十六岁，含苞待放的年龄，她疯狂地迷上了影视。她对所有的人说，她要成为一个明星，成为一个有钱人。所有的人对此都嗤之以鼻，因为她没关系，也不认识影视圈的任何人，但她在剧组到来之时语出惊人："现在就是最好的机会，我一定会把握的。"

她真的去找导演了。导演是个五十多岁的老男人，长得又矮又胖，可是她不介意。剧组在这个村里待了三天，她去看了三天，远远地站在人群后面，好几次，她都想拨开人群，跑过去，大胆地说，"导演，你能让我演戏吗？"但她还是退缩了。终于在拍戏结束的那天晚上，她鼓着勇气敲开了导演的门，手中还带着一束玫瑰花，那是她亲手种植的。

出来的时候，她脸上一片泪花，可又充满了憧憬。

第二天，她便和导演一起消失了。好事的人说她做了导演的情人，还说她爱慕虚荣，品德败坏，她的母亲也因此气得一病不起。她离开了三年，谣言也在这个小村里飘荡了三年。

据说，有人在电影里看到她了，虽只是一个配角，但她演得很投入。还有人说在哪个酒店里看到她穿得花枝招展的，和一个男人亲密出入。

再后来，她衣衫不整地回到了村里，全身上下都是伤。人们这才知道，她跟了导演半年，演了两个无足轻重的角色，便被抛弃了。后来又跟了一个做生意的，本来准备结婚的，可是那人在外面又有了新欢，她去争，结果被新欢喊的混混痛打了一顿，便成了现在这个模样。

她不敢回家，家人早就放出话来，要和她一刀两断。她找了个废弃的小屋，草草收拾一番，便是新家了。她也很少出门，村里人看她的眼神都是怪怪的，更有一些地痞找上门来，开口便是多少钱一次，都被她用扫把打出门。

她是个喜欢花的人，自十岁起就在屋前屋后种满了玫瑰。

她说，她喜欢玫瑰的热情和奔放，敢作敢当。

她曾偷偷地回家一趟，那些芬芳的玫瑰已被父母剪了个精光，她只好在小屋的前后重新种植起来，可总是今天种了，明日便被人拔了，后来才知道这是村里人的恶作剧。好事的人还给她编了一首很难听的歌谣，即使再冷静的人也会被气得吐血。

一气之下，她准备悬梁自尽，刚蹬开凳子，就被人救了下来，是邻村刚从深圳打工回来的顺子救了她。她醒来时，看见屋前屋后全都被玫瑰包围了。

后来，玫瑰越来越多，山上山下都种满了玫瑰，等花开的时候，整个小村都被笼罩在火红的海洋里。

她是在玫瑰盛开的那一天嫁人的，新郎就是救她的顺子。

顺子说，听了她的故事，他是辞掉了工作赶回来的，所幸还来得及。顺子说，哪个人没有梦想，去追求了，就算是失败了仍然可以从头再来。顺子还说，知道她喜欢玫瑰，他就买了好多回来栽。他希望能用一棵棵火红的玫瑰，给她满目疮痍的心疗伤。她突然扑到顺子的怀里，哭了。他也跟着哭。她说："和我在一起，你太苦了。"他说："你才真的苦，可是不要紧，一切都过去了，前面的光明大道才是我们要走的路。”

后来，他们干脆开了家玫瑰农庄，因为她的故事，因为那些玫瑰，前来旅游的人络绎不绝。她说，玫瑰从来不受伤。

说这话时，已是十年之后，她已是两个孩子的妈妈，她经常会跟游客讲自己和顺子的故事。她的脸上热情奔放，丝毫看不出苦涩的过去，凡是到她家做客的人，她都会奉上一杯热气腾腾的玫瑰茶。

她说："最美的玫瑰不是开在你面前，而是盛开在你心里，融化了一切苦难和风霜，唯留下希望和芬芳……"

幸福这么近，忧伤那么远

那时，她是学校里最风光的校花。不仅仅因为美丽，还有才华。她的一手二胡拉得所有男生为之倾倒，而且她不高傲，跟所有人说话的时候，都微笑着，一脸的温柔。

她是学校的学生会主席，认识的人也多，走到哪里，献殷勤的男生也跟到哪里。为了得到她的芳心，好几个人还差点大打出手。原本以为，她会找一个门当户对的男子结婚；毕业后，她却跟着一个农村的男子回到了老家。

她是个城里女孩，独生子女，父母又都是单位领导，可她却选择了一个贫穷的山村。那山村，没人去过，除了泥土还是泥土。那男子和她是校友，两人都参加过玉树地震救灾行动，回来以后，他们就在一起了。

没有人看好他们，太唯美的爱情和现实总是格格不入，也许她是喜欢他的才华，欣赏他的人品，可是他却一无所有，一个城市里娇生惯养的女孩，在农村里待几天也许感到新奇，可是一年、两年，十年呢？大家都在怀疑，那个男生只是贪图她家的钱。

人们从没听说他们吵过架，他们每天日出而作，日落而息，携手同行的温馨不知引起多少人的羡慕。听说他们承包了一个养猪场，很多同学都去看过，回来后都只有一句话，那份简单的幸福我们都没法得到。

十年之后，她回去参加母校的一百周年校庆。那些曾经追求过她的男生都早早在门口等待，大家最关心的问题，还是她现在过得怎么样。十年过去了，大家都已经成家立业，有的开了公司，有的去了国外，所有的人都想在她面前炫耀一番，好让她为当初那么荒唐的决定而后悔。

但是当她下车后，所有的人都惊讶了。

除了稍微黑了点外，一如十年前那般婀娜多姿，脸上流淌的是绝对无法掩饰的幸福和从容。

她，短发，穿一条黄色的裙子，手里拿着一个黝黑的公文包。和这次回来的女生比，她的打扮肯定是最朴素的一个，也没化妆，但这都无法掩饰她的高贵和气质。

她是作为优秀企业家代表参加毕业生报告会的。十年之内，她和丈夫的事业越做越大，成立了自己的养猪公司，还解决了不少学弟学妹的就业问题。

那天，很多男生都拉着她喝酒。喝醉后大家纷纷抱怨，为什么我们都事业有成了，也找了个门当户对的妻子，可是一点都不觉得幸福，只有无休止的争吵，心神疲惫，可是你为什么就一直和他相安无事，而且还在一个偏僻的地方一待就是十年。

她笑着说，那是因为爱。我爱我的老公，所以义无反顾地跟他走。他爱他的老婆，所以宠着我，让着我，呵护着我。你们也知道，我脾气一向不好，也只有他，能容忍得了我。

无疑，她是那晚最醒目的焦点。那些打着灯笼挑这挑那的同学，未必有她幸福。

她还有一个活泼乖巧的女儿，当孩子和她对话时，那份懂事和成熟让所有人都深深折服。

离别时，大多数人都坐飞机，而她坚持坐火车。她说，这笔钱，够一个两口之家两个月的生活费了。

大家都去送她，到车站时，却发现有人来接她，是个同样打扮朴素的男子，她的丈夫。女同学们说，那一刻，我真嫉妒她有那么好的丈夫。而男同学则纷纷上前请教婚姻幸福的诀窍。他说，只有两个字：付出。

是的，虽然他们日子一直都过得很清淡，很节省，但谁又能否认他们不是相濡以沫的一对呢？

甚至她脸上的黝黑也让人嫉妒。

因为，那是岁月留给她最幸福的痕迹。

第四辑

婚姻也需棋逢对手

一段健康的婚姻，应如同行船，彼此用力，齐心协力，没有谁是主角谁是配角，谁都不可或缺。

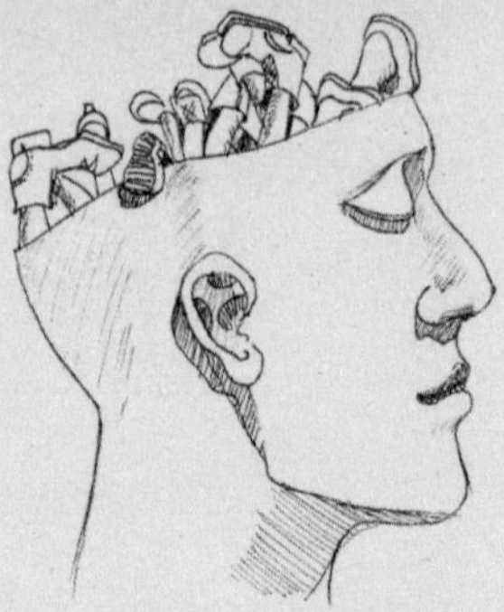

如果能重来，我一定不会让你选择我

他无可救药地爱上了她，但他的朋友都说他是只青蛙。这个世界上，青蛙和公主的爱情只盛行在童话故事里。

她是一个地产商的独生女，长得漂亮，能力又强，追求她的人排成了长队，其中不乏富贾公子。

可就是这样不被看好的两个人最终走到了一起，出入成双，不知惹红了多少人的眼睛，毕业的时候她放弃了进省城的机会，心甘情愿跟他去了贫穷的西北。她的父母专程跑来劝她，还开出十万元的分手费给他，但她不依，他也不依，气得他们拂袖而去。

不久他们结婚了，她的家人没来，婚礼简简单单，但没有打消她爱他的决心。

婚后他们恩恩爱爱过着日子，她在一所中学任教，而他则迷恋起了机器人，把所有的钱都用来买设备。他发誓要造出中国最好的机器人。

虽然过着很清贫的生活，但她义无反顾地支持他。

那一天她带着孩子们去旅游，归来途中，为了拖回一个横穿马路的学生，她被车子狠狠地撞了，这一撞彻底改变了他们的人生轨迹。他本来打算去一个大学接受培训的，也就不可能了。为了给她治病，他家已经欠债累累，最后他迫于无奈找到了她的父母。看到她在病床上痛苦的样子，她父亲心疼得流下了眼泪。

在医院住了三个月后，她谢绝了父母的邀请，回到了那个贫寒的家庭。

医生说她能站起来的概率很小，但是他们从没有放弃。他坚持每天给她按摩，每天都会背着她去镇上懂针灸的老医生家治疗。途中有道长长的浮桥，看着他艰难的摇晃的样子，她在他的背后痛哭："如果时间可以倒流，我再也不会选择你，我的爱，让你太累。"

闲暇时，他会一个人跑进他的实验室工作。惊喜是在半年后出现的，他研制成了第一台机器人三轮车，而她也能慢慢站起来了。他把她抱到车上，让机器人载着他们在路上缓缓行驶。

很多行人停下来看，还有不少人跟着他们的车一起走。她幸福地笑了。三个月后他进一步改装了机器人，速度可以达到每小时十五公里。而她也可以慢慢走路了。他带着妻子，驾着机器人去市里玩，每出去一次，就轰动一次。

谁也不曾想到他会有飞黄腾达的一天。很多公司都来买他的专利，但被他一一拒绝了，直到美国一家计算机公司邀请他去学习，他心动了。

她说："这对你的前程大有帮助，去！我在家里能照顾好自己，你不用担心。"

他真的去了，她的家人来看他，担心地说："你不怕他在美国找个女人，然后不回来了吗？"她摇摇头说："我相信他，要是离开三年之前他就离开了，再说能共苦难却不能共富贵的爱情也不是真爱。"

他在美国学习了两年，带着最新的设计方案回来了，在镇口他一眼望见了妻子，赶紧走上去，"我本来是想给你惊喜的，没想到你在这里等。"她有些惊讶："我只是到这里来看看，顺便看看你有没有回来。"她说得很平淡，其实她从早到晚都在这里等待，等待已经成为她全部的生活。他湿了眼，说："如果老天能给我一次重来的机会，我一定不会让你再选择我，为了生活，你活得太累。"

她抱住他，动情地说："生活从来都是累的，之所以能坚持，是因为有爱。如果爱是一瓶神秘的果酱，那我们就是两个小孩子，围着它慢慢地一点点地品尝，然后在这种温柔与浪漫的感觉中慢慢变老。"

最动人的情话

从小，他就是她的跟屁虫。他们在同一个小区生活，都在三楼。她站在阳台上，甚至能看清他家的电视机里播放的节目。从初中到高中，他都跟在她的身后，背包，提袋，什么活儿都干。别人羡慕她，只因那时，他已长成一个帅气的小伙。很多女生看他，目光里极尽妩媚，她就去遮他的眼睛，霸道地说，不许你看。

填报志愿的时候，她抢过他的表，填了和自己同样的志愿。填完，她忽然痴痴地看着他。

是她主动说爱他的。她说，这些年，你一直占据着我的心，但我现在很怕，因为你太优秀，太帅气，我怕哪一天一转眼，就失去了你，没有你我活下不去。他没说话，走过去，牵了她的手。

她问他，那你爱我吗？他笑而不答。再问，他依然不答。他的手放在了她的腿上，她有风湿，每天他都会给她按摩。他的手饱满有力。

大学毕业后，他们就结婚了，她安心当上了全职太太。而他也通过自己的努力，慢慢地坐到了科长的位置。他的官越做越大，而她的喜悦却越来越低。电视上，男人变坏的故事，她看得太多，耳濡目染之下，她对自己的婚姻彻底失去了信心。原以为，他是爱她的，可是现在呢，她问他，那你爱我吗？他却依然笑而不答。

有人向她通风报信，说在哪里哪里看到过她的丈夫，又或者看到他和哪个女人十分亲密地走在街上。言之凿凿，让她不得不相信。

她想到了抓奸。那个风言四起的下午，她坐出租车赶到了酒店，他正在聚精会神地看着笔记本。他说，要参加一个会，正整理材料，准备晚上发言呢。望着她风尘仆仆的样子，他又说，你来做什么？她尽力掩饰自己的尴尬，说，我刚和一个同学喝茶，路过，想看看你就进来了。他握着她冰冷的手说，天冷，多穿点衣服。

此后多年，她一直都进行着这种追逐的游戏，只是每一次都扑个空。他也从不恼怒，只是细声细语地劝她注意身体。但他越若无其事，她越觉得其中有诈。这样长年累月猜忌，她有了心病。

去医院检查，她不能说，那个时候，他已经是这个城市数一数二的人物，还是公认的好丈夫、好儿子。她自然不会把没证据的事捅出来，破坏他的名誉。

她天天生活在猜忌和恐惧当中。即使他按时回来，她也得扑上前去，闻闻他的身上有没有女人的味道。

久而久之，她就得了精神病，间歇性的那种。他带着她走了很多医院，医生们都说，心病还需心药医。问她，她又不说，只是傻傻地笑。

一天，他推了几个会议，带着她去了北京，从一家心理诊所出来，他才恍然大悟。他做了一件很雷人的事情，回家后，把手机放在了她的手上，只要是电话，不管是私事还是公事，他都让她口舌相传。也怪，此后她的病再没发作，人也精神了，年轻了。他说，都是他的错，这些年，以为他已经够懂她了，却还是忽略了她。

结婚二十周年纪念日那天，他正在北京开会。她做了一桌子菜，父母孩子都在，就缺他。其实，她很想他回来的，每年的这个时候，他们都是一家人过。

突然有敲门声，儿子去开门，是他，还抱了一大堆礼物。她呆住了。他却说：“本来早就回来了，买礼物耽搁了，还有，想给你一个惊喜。”

他和儿子干杯，给父母敬酒，轮到她的时候，他突然说：“我爱你。”她有点受宠若惊，甚至还有点怀疑，但他的话却是不容置疑的，她突然哭了起来。他刮着她的鼻子说：“哭什么呢，傻丫头。”二十年前，她问他，爱她吗，不答；十年前，再问他，依然不答；而现在，她没问，他却主动说爱她了，她哪能不感激流泪。他拥她入怀，“以前我不敢说爱你，不是我不想，只是我觉得这三个字太重，说出来，我怕我尽不了这份责任和义务，而现在我觉得我事业初成，我有这个能力了。”

他们相拥着哭了。

是啊，青春豆蔻时不说，风华正茂时不说，人老珠黄才说这三个字，不是他们不懂爱，只是他们都觉得，那才是爱的最高姿态。

那句话，是她这辈子听到的最动人的情话。

因为我心里能看见

女人停下了。女人说前面有条河，男人就笑。女人说，你笑什么呢？男人说，我听得到。女人忽然不说话了。

男人是南充的一位老师，在组织学生体检的过程中，为了保护班上的学生，被几个前来滋事的混混打伤了。没有生命危险，却从此失去了视力。

男人笑了笑，深吸了一口气。男人说，我想借你的眼睛看看。女人就牵着男人的手，到了水边，伸进去。女人说，你感觉到什么了吗？男人说，水是绿色的。女人点点头，说，还有一群鱼，金色的，就在你的手旁舞蹈。

还有呢？

几个老人在江边散步，一对恋人手挽着手在戏水。

男人静静地听着，仿佛已陶醉其中。

良久，男人说，去公园里坐坐吧。

女人牵着男人的手往前走。女人边走边说，你看，花都开了，好大，你摸摸。男人就停下，伸手。男人只是轻轻抚过花朵，极尽小心和温柔。男人的脸上始终洋溢着幸福，那种神情，是他在教育学生时常有的表情。

之后，女人带着男人坐缆车。风很大，男人却很兴奋。男人问，山下有什么？

一群孩子过来了。每个人都背着书包，今天周末，应该是来爬山的。

那山上呢？一群燕子在飞，很低。

男人说，可能要下雨了。孩子们调皮，我担心。我们跟着他们。

到了山顶，女人牵着男人的手，往左走。山路很陡，男人说，你要不要歇歇？女人就笑。女人说，当了一辈子的老师，你最牵挂的还是学生。我真不知道是学生重要还是你的身体重要。

男人也笑。男人说，你又何尝不是？

两人加紧脚步往前走。天色阴暗下来，不久，有雨飘下来。女人说，要不要避避雨？男人摇摇头。很快，就赶上了孩子们。女人扶着男人走到前面，拦住。男人说：“孩子们，都回去吧。今天好像不太适合游玩。有点冷，有风，还在下雨。”

一个孩子反问：“你怎么知道不适合？你又看不见。”

男人温柔地笑：“眼睛里看不到，可我心里能看见。”孩子也笑。

雨越下越大，孩子们执意向前走。男人只好边走边劝。

大约走了两百米。男人忽然不动了，男人说，赶快回去，危险。

一块巨大的石头从山上滚了下来。男人使劲儿把孩子往后推。孩子们安全了，可他没来得及躲闪，被巨石砸中了腿。

医院里，他刚做完手术。孩子们在他面前落着泪。他睁开眼，就笑，都哭什么呢？我不是好好的吗？快别哭了，还是男子汉呢！

孩子们就笑。一个孩子忍不问，你眼睛看不见，怎么就知道危险来了呢？

这次，男人没再笑。男人说，因为，我心里能看见。

离爱仅一步之遥

那是很久以前的事了。

有一个女孩喜欢上了同班的一个男孩。男孩虽然长相平凡，但写得一手好文章，是《萌芽》的签约作者，气质也挺好。用男孩的话说，他虽然不帅，但活得潇洒，女孩打心眼儿里喜欢这个男孩。

女孩就想天天看见男孩。一天不见，心里就特慌，好像生活中少了支柱一样，做起事情来也是六神无主，经常出点小差错。但女孩的心事，男孩不知道，其他人不知道，只有女孩心里清楚。女孩也不说，女孩只是想看看男孩，远远看看而已，一旦距离拉近了，反而不知道说啥。女孩就装作很严肃，一本正经的样子。女孩也不知道心里害怕什么。

有很多次，女孩都给自己打气，心想她得主动问问男孩，那问什么呢？女孩想，就问他相不相信命吧！可一旦眼睛对着眼睛，女孩就胆怯了。女孩在心里重复了一千次一万次的话，此时一个字也说不出来。女孩只是张了张嘴，接着是一脸羞红如晚霞，恨不得找个洞钻进去。

有一次，女孩在食堂门前遇见男孩。男孩跟她挥了挥手，她装作没看见，低着头匆匆走了。男孩又在后面喊了一声，但女孩没停，继续往前走。女孩心想：要是他再喊一次，就停下来，和他聊聊，问问那个她一直想问的问题。

可男孩没再喊第二次。

慢慢地女孩就淡忘了。

后来，女孩结婚了，有了自己的孩子，男孩也成亲了。两个人的日子都过得很平淡，平淡得没有半点激情。女孩就想：要是当初我停下来了，那结局会怎么样呢？肯定比现在活得精彩，其实男孩心里也这么想的。

再后来，两人在街上相遇，男孩照例向女孩挥手致意，这次女孩停住了。女孩问男孩，你相信命吗？男孩说，我相信，一直以来我都信。

男孩问，当初我跟你打招呼，你为什么不应呢？女孩急答：你为什么不多喊我一次呢？男孩说：其实我一直都在喊你，不过都是在心里喊的，在梦里喊的，是流着泪喊的。

女孩低下头说："可是你终究还是没说出口，其实我一直在等待你再喊我一次。"男孩不说话了，只是望着女孩发呆。

女孩顿了顿，自言自语地说："或许这就是命吧。"

男孩半晌才点点头说："也许是吧。"

女孩擦了擦红红的眼睛，心里想：现在还说这些有什么用呢？过去的都已经过去了。女孩就对男孩笑了，笑得很甜。男孩想，女孩笑了，我也应该笑了。就对女孩笑了，不过很勉强。

就这样，一晃四十年过去了。在男孩七十岁那年的春天，女孩的丈夫走了，她找到男孩，向他倾诉了这几十年的辛酸苦辣，男孩自然紧紧地抱着女孩，但只是抱着而已。

见证爱情

男孩和女孩是从小玩到大的伙伴，他们同住在一个村里。男孩的父亲是村里的养猪大王。女孩既没有父亲，也没有母亲，只有奶奶和她相依为命。换句话说，她读书的那些费用，都是奶奶到处捡破烂累积起来的。但饶是如此，女孩在生活上依然过得很风光。虽说菜是捡最便宜的吃，东西是捡最便宜的买，不过，她总会一个人偷偷地躲在角落里吃，买什么东西也从不和朋友一道去。所以，班上的同学甚至老师都不知道她家的经济拮据。

女孩很懂事，在高中时就在校外找了几份兼职，而学习也没耽误，高三毕业那年，她以优异的成绩考上了北京的一所重点大学。男孩也考上了省里的重点大学。

当男孩带着录取通知书去找女孩时，女孩的奶奶说她去城里工作了，男孩又辗转找到她。女孩说，我不读书了，男孩很是惊讶，因为从小到大，考上大学就是女孩的理想。女孩说，能考上大学我已经很满足了。现在，我真的不想读了。男孩仍是不相信。女孩拿出金黄的录取通知书一摆，说，你看看，一万一的学费，我哪里读得起，你家有钱，可我家的情况……男孩说，钱的事可以再慢慢商量啊，不过读书的机会错过了，就没有了。女孩不说话了，只是默默地擦着饭厅里的桌子。男孩想了许久说，要不找找电视台，这几年省经济台不是有一个赞助一百名芙蓉学子的计划吗？

女孩听了，也没抬头，只是冷冷地说，那多丢人，我情愿不读。男孩来回转了几步，说，要不，我跟父亲商量一下，让他借钱给你。男孩刚说完，女孩眼里忽然闪出了晶莹的泪花。她有些哽咽地说，是真的吗？男孩肯定地点点头，又补充说，我一定能说服我父亲，他最疼我了，从小到大，我要做的每一件事情他都没反对过。女孩低声问，你真的能说服你父亲吗？男孩咬咬牙齿，斩钉截铁地说，行，女孩兴奋地说，那我等你的好消息。

男孩回去后，把女孩的情况详细跟父亲说了。他在强调女孩贫穷的同时也着重强调了女孩的优秀，他在强调女孩困境的同时也着重强调了女孩的自尊，他请求父亲无论如何要给予帮助。因为每年父亲都会给省电视台的助学基金捐钱。最后他又说，我喜欢她。父亲果断站起身，开了两万块钱的支票给他。

次日清早，男孩拿着支票去找女孩，女孩对男孩表示了最真挚的感谢。最后女孩说，要不要写张借条？男孩说，不用了，我还信不过你吗？女孩笑了。

顺理成章地，两个人的感情进入了白热化状态。然而，到了大三的时候，女孩的热情一天比一天淡薄下去，从每周一封信到一个月一封信，最后干脆不写了，连男孩的电话也不接了。

男孩决定去找女孩，但当男孩费了很大劲找到女孩的寝室时，女孩却推说病了，不肯见他。男孩就在女生寝室外不停地踱步，不停地吸烟。

一天。

两天。

三天。

女孩依然不见他，地上扔了一地的烟头。他小心地捡起来，装进盒子里，装了满满的一盒。第三天晚上，男孩还在女孩寝室门口呆呆站着。

外面的人也越来越少了，夜色弥漫。女孩寝室依然灯火明亮，隐隐约约有激烈的争吵声传过来。

时间在一分一秒地过去。男孩想，我得找一个地方睡睡。男孩于是找到一棵树，正准备靠上去睡一觉时，有一个女孩快步走了出来。女孩朝男孩说，你好，我是她的室友，我叫李艳，你们的爱情故事，我都听说了，咱们边走边聊吧。男孩犹豫了一下，但还是跟着她往外走。

不知李艳和男孩谈了些什么，不过李艳回来的时候，已是第二天下午了。李艳对女孩只说了句，他是个真好人！

第二年的情人节，传来了李艳和男孩相爱的消息。

错　爱

今天是我们结婚一周年的纪念日，也是我的生日。昨天妻子问我要什么，我说我只求母亲安安心心过一辈子，我就心满意足了。我说的都是实话，只是我许下的愿望注定了要用自己一生的幸福为代价。

三年前，我退伍回来，在母亲以死要挟的无奈之中，我和童年时就订下娃娃亲的女孩结了婚。我出去的八年时间里，都是她在照顾我生病的母亲，我对她心存感激，母亲也是，只是这种感激在母亲心里被无限制地升级了，夸张了，变成了母亲心里永恒而温柔的亲情。在这之前，母亲曾一次又一次要我和另一个女人彻底分手。

我唯有点头，虽然心中百般不愿。有时候我真不明白，我有什么好，值得她用八年时间来守候，而我更不明白自己为何要这样忍受着生活。

五年前，我认识了她。那时她刚大学毕业分配到一家报社做记者，我对她的了解仅停留在碰面打个招呼的层次上。我只知道她是个在军营里极受欢迎的小女孩，很多战士都喜欢跟她聊天，再有她写得一手好文字，常常让战友们流下感动的泪水。

那一年，全国各地都在发洪水，军区领导命令我们去湖南抗洪，她随行采访。而我的任务就是二十四小时贴身保护她。从她嘴里我得知她刚刚结束了一段苦涩的感情经历，此后我们之间的关系变得更加热络。每天我们都成双成对出现，一次在采访中我听见刚倒塌的房子里面传来婴儿的啼哭声，我毫不犹豫地冲了进去，小孩得救了，我却被一块塌下来的木柱子压伤了腿。

那一次我伤得很厉害，很久都没有伤得那么厉害了。在医院里简单进行包扎后我暂居在一个热情的老大爷家里，我没有通知家里未过门的妻子，每天她采访回来就来照顾我。

这一伤也让我彻底中了毒。我迷上了她甜甜的微笑，迷上了她为我做的每一顿可口的饭菜，迷上了她在厨房里忙碌的身影。似乎这已经变成了一种习惯，我们都不想改变这一习惯。我知道我喜欢上这习惯，喜欢上她。

而她也是。她告诉我，她也喜欢我。我告诉她我已经有了未婚妻，她说那不关她的事，她要的只是一种过程，而非结果，就算哪天她爱上了我，也只会藏在心里，不告诉我。于是我笑了，她也跟着笑，像只可爱的毛毛熊。

我退伍后，并没有立即回家，而是在她家待了一个月。每天晚上，我们都会手牵手大摇大摆地在街上走，或者借一辆摩托车去湖边烧烤，她会坐在后座上，揽着我的腰，柔顺地靠着我的后背。

我被这种感觉彻底宠坏了，就像《小小太阳》里唱的那样，我希望做她一辈子的守护神。

有一天，她坐我在怀里，突然说："我要出书了。"我说："好啊，那书名呢？"她有点答非所问地说："你知道么，有一种花是只能在心中绽放的，但它依旧灿烂和精彩。"我刚想问她点什么，她突然又说："我喜欢现在和你在一起的这种感觉，我不想打破这种平衡，至少现在不想！"说完痴情地吻我。

一个月后我准备回家，她执意辞了职跟我回到同一个城市。母亲在火车站接我的时候，也看见了她，只是母亲对她很是冷淡，这让我或多或少有点恼怒。晚上吃饭时，未婚妻一家人都来了，场面十分的尴尬。我感觉自己就像个小丑一样，他们问一句就答一句，不问的时候，我就默默吃饭。刚放下筷子，一言不发的母亲突然劈口问我："那个女人到底是谁？"我低头说："一个朋友。"母亲指着未婚妻说："你们从小一起长大，感情也算很深了，你年纪也不小了，你说你心中到底在想些什么？"我说："妈，今天可不可以不谈这个问题了，我很累了，我想休息。"母亲一口否决："不行，今天当着亲家的面，你得当面表个态，我看今年你就把婚结了吧。"我说："我觉得太早了，还是等等吧。"

母亲突然激动起来，大声说："等，等到什么时候？等到你和那个女人把孩子生下来吗？我告诉你，我是死也不会同意的。"坐在一旁的未婚妻突然哭了，然后跑了出去。她的家人狠狠瞪了我一眼追了出去。

那晚母亲在我房里唠叨了一个晚上，直到我被迫答应了她的要求，母亲才放心离去。

第二天早上，母亲告诉我，晚上去未婚妻家吃饭，顺便商量结婚的事。

这二十多年来，我从未见母亲的态度如此坚决，似乎我已无路可选。母亲就和未婚妻坐在一起，小声讨论着结婚的事宜，而我只能沉默地抽着一支又一支烟。说心里话，我不想一辈子过这种日子，我愿和我喜欢的毛毛熊在一起，做一个被宠坏的孩子。可在母亲以死要挟的处境中，我已无路可走。婚期就安排在我生日的那天。

接下来两家的人便合在一起操办婚礼，一切都在有条不紊地进行着。在我结婚前的一天，我对母亲说我要去她那里，母亲没有阻拦，只是说："如果明天早上七点没有见你回来，我就一头撞死在墙上。"

我去她家，却发现房间一片狼藉，我在被子里找到了她，她的眼眶深陷下去，看上去非常憔悴。看着她，我默默无语，泪水一下子涌了出来。那一晚，我就守在筋疲力尽的她身边，拉着她的手，一直陪她坐到天亮。

第二天，我要离开的时候，她忽然说："事情到了这一步，也不是你的错。你已经尽力了，不要再埋怨自己了，我只希望你过得开心一点，快乐一点，因为你的快乐就是我最大的快乐。"我无语地望着她，她的眼里溢满泪水，却没有流下来，就像相恋这么久，她从没有说过爱我一样。是的，她说过，哪天她爱上了我，也会藏在心里，不让我知道的。

时间的日历轻轻一翻，三年过去了。这几年里，我和她都找了份不错的工作，我进了市宣传部门工作，而她已是文坛一位鼎鼎大名的作家了。我每隔一个月就会去看她一次。我的一生就这么定了，我希望她不要像我一样，过得不开心，只是她多次拒绝我给她介绍朋友的意愿。

妻子端了个蛋糕出来，点燃蜡烛，我许了愿，然后一口气吹灭了，妻子问我许了什么愿，我说："我什么事都顺着你，只求让年老多病的母亲在有生之年过得快乐一些。"其实，我还许了个愿，那就是愿她早日找到自己爱的人，我不想再拖累她了。

我相信，我的这两个愿望都能实现。

第五辑 爱情再苦，幸福就好

不管十年同船也好，六十年共渡也罢，苦难，总是在所难免。可要紧的是，相爱的两个人，始终不离不弃，携手走完这美妙人生。

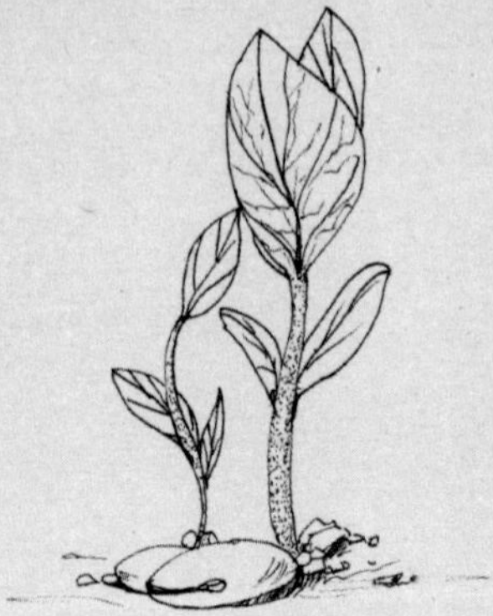

爱情这幕风景

她是个如烟的女子。每天她如风一样出去，又如风一样飘回来。她的身后跟着太多的巴结者，只是她从不正眼瞧他们一眼。

直到有一天，她停住了奔跑的脚步。那是一个很干净的男人，有着体面的工作、殷实的家境。认识他的人都说，她配不上他，他太强。

就为了一口气，她嫁了。

他对她出奇的好。

下班，他总会提前出现在她的面前，把一盘盘热气腾腾的佳肴摆在桌子上，全是她爱吃的，没有一盘是他珍爱的辣菜。她却没有感动。她想，或许天下的男子都如此吧。

她怕热，一到夏天，稍微动一下，就是满头大汗。他说买个空调吧。真买了，她把温度调到十五度，他在被窝里冷得直发抖，可他还是一直不停地说："不冷。不冷。"一个夏天就这么熬了过来。

两年就这么过去了，他对她依然如初，只是她的心越来越淡。也许，她并不是个甘于平淡的人，她如花的心房里，叛逆正一点一点滋生。是的。婚后的生活没有鲜花和掌声，两年的岁月洗涤，她对他的讨厌却越来越浓，搅得她恨不得甩手离去。她经常想，这个秋天，总要发生点什么。

于是她决定去上学。她没读过大学，凭借他的关系，她终于如愿以偿。

学校是所很出名的全日制大学。走在笑声如潮的校园里，她成熟优雅的打扮，成了一道独特的风景，也引来了众多追求者，其中不乏青年才俊。

她总把自己的年龄和过去藏得很深，深得只有她自己知道。她小心翼翼地在众多追求者中游弋着，然后目光停在了一个书生模样的男生身上。那是他们的班长，一个高高大大的阳光男孩。她叫他石头，从认识的那刻起，两人一直用短信进行交流。情愫开始在她的心底一点点复苏，是的，爱是让人年轻的神奇药物，那一阵，她突然觉得自己风华正茂，青春无限。

而家里那个男人，相比之下普通得就像粒尘埃。她任凭自己这样陷下去，只因为他说过，我爱你，无论你多大。

她说，你真的会保护我的婚姻吗？他握着她的手点头，那个晚上，她醉了。

石头还是石头，因为阅历的增长，他越来越优秀，担任的职务越多，人也越来越忙碌，有了很多暧昧对象。于是，他们开始不停地吵架，分开又复合。几番反复之后，他提出了分手。

他说，我只是想要一段能见阳光的幸福。她不再坚持，把这两年石头给她的东西，包括那张只有他们两人知道的电话卡，都还给了石头，然后头也不回地离开了，从容而淡定，就像卸下了千斤重担。她从来没有这么轻松过。他的身边已经有替代她的人，也许他还爱她吧，但感情终究只是一个人的独角戏。

再次回到家，男人早就为他做好可口的饭菜。男人什么也没有问，什么也没说，只是把一件新买的大衣披在她的身上。她突然热泪盈眶。一直以来，她都想追求一份深邃的爱，却突然发现，平淡才是最深邃的爱。如果他不是爱她爱得那么深，他不会把她照顾得那么周全；如果不是爱到了极致，他不会怕冷却一直甘心忍受着空调带来的低温。

她现在才知道，他们的爱情，一直写在菜肴里，写在平淡里，写了五年，唱了五年，今后还将继续唱下去。

再次去上课，她的心已静如止水，激不起一丝涟漪。

夏天再来的时候，她买了台电风扇，不再用空调。她牵着他的手说，婚姻不只是一个人对一个人的付出，而是两个人的共同经营，两个人都是主角。

他听得极为认真。

她又说，不管十年同船也好，六十年共渡也罢，苦难，总是在所难免。可要紧的是，相爱的两个人，始终不离不弃，永远保持一颗乐观平和的心，用耐心和微笑筑起一道爱的防火墙。因为爱，我们才能携手走完这美妙人生。

他把她的手抓得紧紧，她的眼睛里洋溢着幸福和淡定。他知道，那是她第一次跟他说爱，并将从此说下去，一生一世。

爱从手心到手背

花一样的年龄，人家都说他们是绝配的一对。女人相信他们是彼此相爱的，只是生活，迫使她不断跳槽。

女人始终相信，总会有一个家的阳台是向着她敞开的，为此，她开始拼命加班。下班回家，她也没有休息，熬药、喂药、清洗……这一切只是因为男人的公司倒闭了，男人因此受了伤，躺在床上。那段时间是他人生最落寞的时候。

巨额的医药费都靠一个女人来承担。

男人把女人拥在怀里说："等我东山再起，我一定让你拥有自己真正的家。"

男人没有食言，三年后，他的公司起死回生。男人在临海的地方租了一套房，把钥匙交给女人。他说：“我不会忘记自己的承诺，一年，就一年，我会给你所希望的一切。”他知道女人最大的心愿就是能天天听着海的呼吸声入眠。

女人小心地把钥匙挂在自己的胸前，她开始憧憬自己幸福的未来。那一刻，她甚至觉得自己是世界上最幸福的人。

然而好景不长，女人发现男人变了，他似乎有忙不完的事情开不完的会，回家的次数越来越少。

好不容易等他回来一趟，女人握着他的手问：“又一年了，我们的家呢？”男人说：“再等一年，什么都会有的。”女人转过身，眼泪一点点滴下来。她十五岁时跟着他，这样的话听了不下一千遍了。

可女人终究没有想到，男人变心了，他为她的情人买下百万豪宅，一掷千金。后来，男人干脆带上所有家产跟着情人去海外发展了。很多人都劝女人，算了吧，还守在原处有什么意义呢。

可是她没有放弃。她不想他回来的时候找不到她，她总觉得人还是要怀着希望活着。

男人也没想到，他会在海外输得一塌糊涂。等他明白是情人在背地里搞鬼时，他已是一无所有，这才想起与自己患难与共的女人，打她的电话，发现号码早就删除了。

他跑到海边，忽然呆住了。原来租的房子在一年前拆除了，只有那个傻傻的女人在旁边搭了个简陋的棚子，一直等着他回来。

他的眼泪一下子涌出来，抱住了她。男人喃喃地问：“还能等我一年吗？”女人哭着说：“我早知道你会有这么一天，所以这几年我都在辛辛苦苦忙碌，没一刻闲着。”

凭着自己这些年搭建的良好人脉，男人再一次在商海翻了身。这次，男人没再食言，买房，送上金灿灿的钥匙。男人望着女人头上的几缕白发，心疼地说：“这个世界上，也只有你才会傻傻地陪我。”女人抬起头说：“知道为什么吗？”男人点点头说：“知道，因为这是爱从手心到手背的距离。”

为爱遮风挡雨

生活最窘迫的那段时间，他们只能租住在一间破旧的平房里。阴暗潮湿的平房，夏天的时候，虽然没有阳光的照射，但热得像被火烧似的，床上的凉席直发烫，感觉像蒸馒头，不敢往上面坐。

半夜里突然下起了暴雨，雨水顺着半开的窗户漂进来，打湿了被子。男人是被雷雨惊醒的，他看了女人一眼，说，雨真大，然后翻了一个身，继续睡。女人蹑手蹑脚地起来，轻轻地把湿的那一边盖在自己身上，没说话。女人生怕惊扰了男人。

一铺小小的单人床，装着男人女人以及他们的梦，而女人总是睡在挨着窗户的位置。窗外暴风骤雨，白天黑夜的，没有尽头。女人总是蜷着睡，半夜好几次惊醒，给男人盖盖被子，或者移移被子。女人像老鼠一样警惕。

后来，男人的工作稳定了，收入也多了，于是决定再租一个好点的房子，女人答应了。他们租了一套一室一厅的房子，在三楼。尽管房子里什么东西也没有，女人还是迫不及待地搬了进去。她说她得看着新房，心里才会踏实。这一晚女人睡得特别香甜，半夜也没再惊醒。

虽然住了好一点的房子，女人依然睡在靠窗户的位置，依然是蜷着身子睡，因为她已经习惯这种睡姿，习惯让男人睡得舒服。深夜，女人依旧会惊醒，坐起，为男人盖盖被子，看看熟睡的男人，才放心地睡下。

再后来，生活越来越好了，女人却病倒了。经检查，是风湿，不能站立，以后的日子只能坐轮椅。男人惊呆了，不知所措。男人流着泪说，好好的，怎么就不能走路了呢？是不是那些风雨害的你。女人拉着男人的手说，我能为你做些什么呢，只要你快乐，你健康，我牺牲一点，挡点风雨又有什么关系呢？

男人没再说什么，只是紧紧地抱住了女人。

男人把女人带回家，决心好好照顾女人。晚上睡觉时，女人突然提出要睡在靠窗户的位置，男人拒绝了。男人说，从今天起靠窗户这个位置，让我来睡吧，我早上起来做饭方便点。女人点点头。

半夜，突然吹起了大风，女人立刻惊醒，坐起，男人也被这风吵醒。女人说，不如，我们换换床位吧。男人却摇摇头，男人说，现在该我为你遮风挡雨了。女人没说话，只是紧紧地抱住男人。女人看到男人的脸上，有一缕幸福的微笑……

有一种情，能穿越风暴尽头

那时，男人刚从火车站回来。他已经买好去武汉的车票，和女人商量好去看樱花，算是为他们长达三年的恋爱画上一个圆满的句号。

可是，意外总是难以预料。还没等他走到家门口，他就发现了异常，灾难正从远方而来——龙卷风。

院子里到处都是惊慌失措的人，哭声、叫声乱成了一团，龙卷风正疯狂地撕扯着它所遇到的一切。

男人似乎听见了女人酣睡的声音。来不及多想，他打开门，抱住还沉浸在睡梦中的女人就往外跑。女人从睡梦中惊醒，忽然狠狠掴了他一记耳光。

耳边火辣辣地疼，但男人没时间和她计较。放下女人，他简单地说了句:“跟我跑!”还有人尖叫起来:“快往山上跑!”接着大家一窝蜂往山上跑。

女人忽然哭了起来。男人是她的老乡，两人因樱花而相识，直至相恋。但现实远没有她想的那么美好，当激情一点点逝去，女人便有了新欢，那是个有钱人，有事没事便带她到处游玩，女人觉得，这才是她所要的生活。所以，分手便成了必然。女人这次来这里，只是实现自己对他的承诺。初次见面时，女人就答应过，一定要到他工作的地方看看。

男人没有时间安慰她。龙卷风越来越近，男人知道，再过几分钟，这里所有的一切都会被龙卷风吞噬。他似乎听到了远处楼房倒塌的声音。

男人拖着女人，拼命往山上跑，在那里，他挖了一个洞穴，那是他为自己逃生准备的，但只够一个人容身。男人顷刻间有了主意，板着脸说:“你给我钻进去!”女人惊得张大了嘴，这个男人曾发誓要呵护她一辈子，竟然在最需要他的时候，逼她往黑漆漆的洞里钻。女人的眼泪再次流了下来，可男人的心再也不为所动。等女人钻进洞里，男人把洞口堵住了。

女人着急地喊:“你想做什么？快让我出去!”但是她的

声音很快被汹涌而来的龙卷风湮没……

等女人醒来时，她已经在医院了，新欢也赶来看她。女人想起自己被关进黑漆漆的洞里的情景，庆幸和男人分手，因为她真正看清了那个自私男人的嘴脸。女人回到了新欢的家里，准备结婚。

后来，女人参加了一档电视节目。在节目现场，经过节目制作人对灾难发生前后以及各方面的感人事迹的报道，她才知道，自己是唯一历经那次龙卷风却安然无恙的人。他们的故事也被媒体制作成了凄美的爱情短片：男人为了保护女人，不仅把自己狭小的避难场所让了出来，还一直在洞口守护着，直至龙卷风的势头消退。在飓风中，他双腿受伤导致截肢，现在还在医院里躺着呢。

女人再也坐不住了，疯狂地朝外跑。在医院里，她握着男人的手，心疼地问："明知道我要和你分手，为什么还对我那么好？"

男人说："因为爱过，才有慈悲心，不管最后的决定是什么，至少在那一刻，我要对你负责，因为我是男人。可是，你为什么还回来呢？"

女人泪流满面，哽咽着说："直到现在我才真正读懂你的心，在今后的日子里，无论贫穷、疾病、苦难，都不能再把我们分开。你知道为什么吗？”

男人摇头。

女人说：“因为这段情，让我们穿越了风暴尽头。”

谢谢你，曾经拒绝了我的爱

中南大学的心理课上，老师正唾沫横飞地讲着“恋爱的心理与健康”，而他却什么也听不进去，思绪也早已飘回到高二时。

那年，他正雄心勃勃地想考华中科技大学。然而，他人生的轨迹一不小心被她撞了一下，拐了个不大不小的弯。

那是开学第一天，他在教室上自习。突然听到一声剧烈的响动。倏地，大家齐刷刷抬起头。只见一个女生正扶着桌椅站起来，拍拍身上的灰尘——她摔倒了，显然很狼狈。教室里哄笑开了，她的脸刷的就红了，低着头跑到教室的最后一排，坐了下来，口中还喃喃着：“糟了，糟了，这下糟了，我的淑女形象完全被损毁了。”她猛地抬头，和他的眼神仓惶地对视了一下，心中打了个响雷，马上低下头去。

从那以后，枯燥的学习生活中，她总会时不时地和班上某个男生冒出一点不大不小的绯闻，有时又会搞点恶作剧，甚至上课的时候还会来点小幽默。枯燥而又单调的生活因而有了一些美丽的色彩，虽然如烟花般一瞬而逝，却也精彩。不知道从什么时候开始，他喜欢时不时地偷偷瞟她一眼。在她面前的时候，心会一直紧张地跳个不停，虽然他们只有在他“例行公事”向她催交作业时，才会说上几句话。

他甚至不知道自己为什么会改变作息习惯，只为能在上学、放学时在自行车棚里与她“偶遇”；不知道为什么自己会突然喜欢一下课就站在楼道的窗前，只为能静静地看她一眼；不知道自己为什么会在晚自习后，要等到她离开的时候才收拾书包，望着她的背影，直至消失在夜色中。

他开始不安起来。他知道那种情愫是危险的，但却无法控制自己。他决定就这样默默地关注着她。

她还不知道他对她的暗恋。

3 月 31 日，她像往常一样来到学校。突然一个电火花般的想法闪现在她的头脑中，她当即决定试一试。

下午趁他不注意，她急急往他的数学书里塞进一张小字条。

晚上，自习。他见到字条，打开一看，傻眼了，脸也倏地红了。只见那纸条上写着：自从开学以来，我就开始喜欢你了。明天中午十二点，我们在操场上不见不散。

那晚他第一次失眠了，满脑子都是那张字条的内容，一边是担心，一边又有些惊喜。他不断地反问自己：难道她知道我喜欢上她了？我到底该不该去？难道她也喜欢我？

第二天中午，万般犹豫之后，怀着一颗忐忑又虔诚的心，他还是准时出现在了操场。而她却早已将那件事忘之脑后。

虽然还是春天，但四月的长沙温度早已高达三十多度。三点多的时候，她才猛然想起那件事，飞快跑到操场后面的餐馆顶楼上，那里能够看清楚操场上所发生的一切。她本来不抱什么希望，然而令她吃惊的是，他竟然还傻傻地站在那里。她并没有立即跑过去告诉他，自己只不过是和他开了一个玩笑，心里又冒出想要戏弄一下他的想法，她要看他能等多久。

令她失望的是，仅在半个小时后，他就离开了。她有些垂头丧气，但是她并没有怪他的理由，能够在操场等三个多小时已属不易。还没等她反应过来，只见他举着两支雪糕来到操场。

她竟也莫名其妙地在那儿傻傻地看着。距离是如此之近，又好像隔着很远的一段路。太阳渐渐变得温柔，影子拖得像幸福一样长。他却还没离开，只是雪糕早已融化到他的手上，像凝固的眼泪滴在操场上。看着他满手的奶油，她的心好像被什么东西刺了一下，不安地跑过去，说："非常抱歉，你还真来呀。你不知道今天是愚人节吗？"

他满眼幸福地说："我知道啊。但我宁愿它是真的。"

她的脸一下就变得通红，低着头冒出一句："你可要知道，我的男朋友可要是清华毕业的哦。现在还是努力学习吧。"

他不住地点头，口中重重地吐出一个"嗯"字。

那以后，他像变了个人似的，更加发愤读书。而她也不忘加紧学习。他们就这样在互相的"较量"中走过了高三，最终都考上了理想的大学。

上了大学，他才明白，当年他遇到的是一份一生难以体会到的友谊，就发条短信给她：谢谢你，曾经拒绝了我的爱。是你用你的坚决拒绝拯救了我，才让我没有误入歧途。

她回复说：其实我当时也不知道怎么办，但我知道我们都还年轻，还有很多事情等着我们去做。年轻的翅膀承受不了太多的承诺，我们还要"鲲鹏展翅"呢。

苦难是在为幸福买单

那年，我十八岁。花一样的年龄，我疯狂地迷上了隔壁班的那个叫风的男生，开始恋爱了。高考后，我的成绩出人意料，只勉强上了个三本院校，而他却成为一所名牌大学的学生。

郁闷，失落。在一个云淡风轻的夜晚，我去找他，却发现他正和一个女生手牵着手，亲密无间。顿时，我如触电一般，强忍着眼泪，一路狂奔。只听见他在后面喊："我们不合适的，或许我们还可以做朋友。"没想到，初恋的种子，还没来得及发芽，就被高考这一纸成绩吹得支离破碎、七零八落。

我的心中忽然有一个强烈的念头，我要离开他，离开这座让我伤心的小城。在异地的一位朋友知道了我的情况后，不断安慰我，还热情地邀请我去他所在的城市游玩。

朋友所在的城市是一座偏远小城，经济不太发达，但是自然风光却很好。第二天，朋友就决定带我去当地有名的野外丛林“探险”。收拾好行囊，出发。由于此前我没有来过这座小城，也没有过类似的探险经历，一路上充满了好奇，快乐得像只飞出笼子的小鸟。见到那奇形怪状的石头，还有那美丽奇异的昆虫，我都会惊奇地跳起来。看着我一惊一乍的样子，朋友也忍不住嘿嘿直笑。

快乐的时光总是太短。经过一块湿地的时候，我以为只是一块小水坑，就大大咧咧地走了过去。得知是一片沼泽地的时候已经晚了，我将近三分之一的身体陷入其中，无法自拔。我十分焦躁，不住地挣扎，只希望能快点脱离泥潭。然而，上天好像和我开玩笑似的，我越是使劲儿拍打，就陷得越深，陷得越快。朋友在一旁不停地劝慰我，叫我冷静下来，不要急躁。还要我慢慢地把身体伸展开来，以增大浮力。后来朋友不知从哪里找来了一根绳子，费了九牛二虎之力才慢慢地把我从沼泽地里拉出来。

出来的时候，我已经是一个泥人，眼泪也早已和泥水混在一起。看着朋友，我气不打一处来，骂了他几句。没想到，他却笑呵呵地对我说："前面还有更好玩的，你敢不敢去啊？"我也顾不得难堪，一扬头，竟然就跟着他去了。

果然，过了不久，就看到一片郁郁葱葱的草地，清清的溪水，还有远处挺拔的山峰，仿佛置身于五柳先生笔下的桃花源。我贪婪地欣赏着眼前的一切，就像一个饥渴的婴儿幸福地吮吸着母亲的乳汁。多日来堆积在我心头的那片阴霾也早已不知所踪。

看着我兴奋的样子，朋友若有所思地说："其实人生就像我们的这次旅行一样，会经历各种各样的挫折与苦难。如果你一直沉溺在过去的沼泽地无法自拔，或许你不用再为了努力而前进，那么你将永远见不到后面的阳光了。你要知道，苦难是在为你的幸福买单！那么挫折与苦难就是我们人生路上的一支支小插曲。"

这次旅行经历，让我彻底从失恋的深渊中走了出来。现在我重新回到了教室，也能够把那颗年少的心慢慢沉淀下去。我已下定决心，好好读书。因为我知道，在我人生的旅途中，苦难是在为幸福买单。

第六辑
幸福其实很简单

在我远离她的日子里，时间拉长了她的影子，
比日子长，却又比爱情短，而打结的这段，就是幸福。

春天花会开

春天里的一个周末之夜，小米正在“心理咨询室”值班，一个女孩推门而进，面容憔悴。女孩想询问小米有关爱情的问题。女孩说她爱上了一个有家室的男人。女孩还说她很爱那个男人，爱得痴心，无怨无悔，可是前几天那男人的妻子来找她了，她们整整聊了一个下午。他的妻子说了许多关于他们的爱情故事，说至动人之处，不免泪雨纷飞。女孩现在忽然觉得自己有一种犯罪的感觉。她也曾尝试摆脱那个男人，但是失败了。她无法摆脱爱的纠缠，正处于感情与道德的十字路口……

小米听完了女孩的诉说，不禁百感交集。她沉吟了好半晌，才说：“这个问题让我好好想想再回答你，好吗？请你下周的这个时候再来，行吗？”

女孩看了看她，略带失望地说：“那好吧！”

送走了女孩，小米并没有离开，而是泡了杯咖啡，继续沉思起来。说实话，要是以前她遇上这种事情，她会毫不犹豫告诉女孩怎么做。因为对于女人来说，爱情总是自私的，两个人的情感世界不可能容得下第三个女人。但是她现在很迷惘，也不知道该怎么办。而且她和那女孩一样，也处于感情的困惑中，因为她的男朋友有了外遇。

那是一个周末之夜，她忙完了工作，回寝室。也不知为什么，那天她没有走固定的路线，而是绕了一个长长的圈子，就在食堂后的那条马路上，她看见一个男孩亲密地搂着一个女孩，女孩正拿着什么东西往男孩嘴里塞。男孩还说：“艳子，我跟你在一起才真正知道什么叫作幸福。”那声音是她一辈子也无法忘却的，小米顿觉得眼前一片黑暗……

春风荡漾的星期天。

早晨，小米打电话给男友：“今天天气好，咱们去北湖玩，好吗？”

电话里的声音显是很惊讶：“去北湖玩？”

小米娇嗔地说：“我这阵子太忙了，好久都没陪你去玩了。”

电话里的声音有点迟疑：“那……那好吧。”

北湖。

阳光无限温柔，桃花李花争奇斗艳。小米和男友站在水旁望着那一江春水，水里一尾尾金鱼在快乐地游动。

忽然，小米问男友说：“一年前，就在这个地方，你对我许诺过什么？

男友一愣，问：“我说过什么？”

小米笑笑，说：“你再仔细想想。”

男友“哦”了一声，说：“我……我说我永远……”

小米伸出纤纤玉手，阻住了男友，说：“别说了，只要你记得就行。这个月我的工作太忙了，所以常常忽略了你，可是你也不该……”

男友长长舒了一口气，说：“小米，我知道是我不好，我的确是很爱你，也常想着要和你一辈子到老。可是我慢慢觉得我们之间的距离越来越大了。你又天天忙自己的事情，很少和我在一起，也很少和我交流。小米，要知道缺少交流的爱就会变得陌生和荒芜……”

小米紧紧地抓住男友的手，认真地说：“那么我们两个人的爱情之圆就真的无法再叠成一个同心圆了吗？”

男友说：“你说呢？”

小米说：“你说你会一辈子爱我，那我也要说我也会一辈子爱你，只要我俩都朝着同一个轨迹一起转动爱的轮盘，不就能同心同生了吗？”

男友无言以对。

又一个周末之夜，有春雨轻轻地飘洒。

女孩再次推门而进。女孩说：“小米姐姐，上周我问的那个问题，你有答案了吗？”

小米嫣然一笑，说：“想好了，首先我想告诉你爱一个人本身是没错的，但问题在于这个男人值不值得你去爱。你所以会来询问，那说明你自己也没有答案，摇摆不定。虽然你也想有个圆满的解决方法，但我要遗憾地告诉你，那是不可能的。”

女孩说：“可我真的很爱很爱他！”

小米说：“那你这种爱又有多久的保质期呢？”

女孩摇摇头。

小米继续说：“就算你爱得死心塌地，那又如何，你能保证他给得起金钱又能给得起婚姻吗？就算你不在乎爱的结果，但对一个脚踏两条船的男人来说，他今天能说爱你一辈子，他明天就能对另一个女孩说爱她一辈子。你真的愿意把你这份纯真的爱拿给两个、三个甚至更多的人来分吗？”

女孩不出声。

小米说：“爱，并非仅仅是浪漫，爱更是一种理性。你认为呢？”

小米又说：“其实，面对着一份毫无价值的爱情，我们又何必过分执着呢？要知道我们还年轻，有的是选择的机会。既然爱的结果注定了是粉身碎骨，我们又何不激流勇退呢？”

女孩还是不出声。

小米说：“要知道对一个女孩来说，开花的春天能有几个？所以我们每个人都应该找准自己的爱情坐标，你好好想想吧。”

女孩什么也不说就走了，可没过多久电话又响了。电话那头的女孩说：“小米姐姐，我决定离开他了。”

小米问：“你想通了？”

女孩说：“小米姐姐，真抱歉，在没征得你的同意之前，我把你的讲话录了下来，拿给他听，也不知为什么，他听完就一声不响地走了。我知道，他这一辈子都不会再找我了。”

小米问："真的就是这样吗？"

女孩的声音有些哽咽，说："小米姐姐，真的很谢谢你，你的话让我明白了春天对一个女孩的重要性，也让我明白了他那里没有我的爱情坐标。我一定会找到我的方向，谢谢你，小米姐姐。"

女孩说完就挂了电话，而这头小米拿着话筒仍在发呆……

开往秋天的地铁

每天她都坐地铁下班。

每天的这个时候，她都会提着一个黑色小包准时出现在候车的人流里，和所有脚步匆匆的过客一样，飞快地掏出一张卡刷一刷，接着挤进狭窄的通道里。

那个时候正是鲜花盛开的季节，空气里飘散着桃花的清香。那个时候，她和一群年轻的朋友一起偷渡来到美国，为了能拿到绿卡，她像很多年轻的女人一样做了件自认为聪明绝顶的事。那个美国白人一再保证会娶她，一再保证会离开跟他有五年婚姻生活的妻子。

地铁有时来得准时，有时会来得很晚。但不管怎样，她都一脸轻松，她从来不抱怨生活，因为她知道只要有耐心，总会有一辆车将她载向那个有梦的港湾。地铁晚来时，她也会看看左右陌生的人们。就在地铁的楼梯处坐着个拉二胡的法国人。他穿着一身深蓝色的牛仔服，留着长发，浑身透出一股艺术气质，刚毅中又不失温柔。他拉的音乐十分动听，她想，也许他才是个真正懂得生活的人。

可惜在这个物欲横流，用金钱衡量一切的社会里，这个拉得一手好二胡的法国人就像大海里的一滴水那么渺小，很快就会被纷涌的人流吞没。那些生活在大都市节奏里的人们，生活在名利场的人们，又有谁会去留意一个普通艺人的存在呢？尽管，他的音乐那么具有东方魅力，忽似高天流云，忽又似小桥流水。

她每每经过法国人身边的时候，总会用心地聆听。在他轻盈流畅的音乐里，她能捕捉到一种宁静的感觉，一种回家后温馨而宁静的感觉。有时她真想和那个法国人好好聊聊，聊聊北京，聊聊二胡也好。但她每次都忍住了。因为地铁呼啸而至，她只能迅速地挤进人流里。透过车窗，她看见他朝她微微一笑，满眼的温情。这是个美丽的下午。她坐在地铁中这么想。

心情好的时候，她会跟我说说她的心里话。虽然我和她都是偷渡者。但是我知道，我们将会有两种截然不同的命运。而且我也知道，她也不会去爱一个法国艺人的。因为她的梦扎在美国。可我们每次聊天时，她总会情不自禁地聊起那个法国人，还有那温情的一笑。她说话的时候，很认真也很开心。

日子一天天地过去，就像喝白开水一样，喝得多了，自然就平淡了。有一天她忽然找到我，说："那个美国佬，他答应和我结婚了，婚期就在这个月末，祝福我吧。"接着她顺便提起了那个法国艺人。她说："要是能再次听听那优美的旋律，那该多好啊！"她这样说的时候，一点也不开心，从眼睛到嘴角都写满了失落。

在一年后春风荡漾的某个周末，我的朋友给我带来了一个坏消息，那个美国白人扔下了她，和一个越南女人结婚了。我一点也不惊讶这个消息，就如我不相信这个世界上凡带有功利的婚姻会有很长的保质期一样。"那她呢？"我问朋友。朋友说："她呀，听说前几天去地铁找那个法国艺人了。"

后来我也曾见了她一次，她带着小孩正在公园里拉二胡。她说："我过得很好，等几天我们就回中国，回我自己的家，那里才是我扎根的地方。"

回去也好，我望着她一脸幸福的样子，不禁感叹。虽然我不知道她是否完全从那场卖身的婚姻中解脱了出来，但我知道她现在毕竟有了一个真正属于自己的家，还有了一个能爱她一辈子的老公。

时间这东西就像日历，轻轻一翻就过去了。于是我闲着的时候就会一遍一遍地想：春日的午后，她带着那个英俊的法国艺人，牵着他们儿子的手微笑着走进地铁。在我的想象中，那地铁宽敞而明亮，坐着一个个幸福的旅客，艳丽的桃花就在他们的眼睛里跳跃着。那班地铁呼啸着向前奔驰，一直开往硕果累累的秋天。

爱情是一阵风

纯是一个很有能力的东北女孩。她身材高挑，虽谈不上漂亮但气质绝佳，再加上有一个做副市长的老爸做后盾，足以保证她的生活无忧无虑。

纯到了该找男友的年龄了，因为她的气质，再加上她的能力，追求她的男孩很多。每天只要下课铃声一响，就会有大批的男孩蜂拥而至，有捧花的，有替她提包的，纯每次都处理得游刃有余，一个男孩都没有得罪。纯总会笑吟吟地安排哪个时间跟这个男孩约会，哪个时间跟那个男孩见面，一切都井然有序。纯俨然就是个大忙人，每天都在不同的男孩之间飞来飞去，就像一阵风，来也匆匆，去也匆匆，只不过是一阵暖人的秋风。

这样一两个月下来，有不少男孩急流勇退了，也有不少男孩把爱偷偷地藏在了心中，但又会有不少慕名而至的男孩加入进来。所以纯每天都把自己的时间安排得满满的。纯过得很快乐，很充实。

到纯大四的时候，依然有两个忠诚的Fans，一直陪在她身边，一个是义，一个是华。不管前面有什么刀山火海，他俩都敢面对。

说实话，就这两个男孩的能力来看，确实难分高低。义担任学校校报主编，又是学生会的主席；而华是研究生，写一手漂亮的文章，在报刊上发了几十篇，又是市作协的会员。但从物质条件来看，华就差远了。华的父母只是普通的农民，家境贫寒，华的学费、生活费都得靠父母拼命打工才能勉强凑齐；而义的父母都是银行的高级职员，义也有自己的小车，每个周末他都会带纯去郊外吹风，纯喜欢站在高速行驶的敞篷车里大声歌唱。而且，义也长得很英俊。但两人对纯的攻势，都是一样的猛烈，从大二那年开始，他们俩就暗暗较上了劲儿，似乎要分个高下。纯对这一切似恍然不知，依然自由地来回穿梭。

在一个地方待久了，人都会有一种压抑的感觉，就想到外面透透气，纯自然也不例外。纯喜欢旅游，她在大学期间，跑遍了四川省的所有旅游景点。比如阆中古城，比如九寨沟。更主要的是纯每次出行，都是一个人悄悄走的，既不告诉义也不告诉华。用纯自己的话说，她喜欢一个人独来独往，没有任何思想上的包袱，简单并且快乐。

纯是一阵风。

纯是一阵令人不可捉摸的风，就像来自九天之外，又似羚羊挂角，了无痕迹。

纯又要飞了。在纯要去远行前，义的父母特意在市里最豪华的五星大酒店宴请纯和她的室友，并当场许诺，只要纯毕业之后愿意留下来，市银行会计的职务就替她留着。义的父母还送给她一串价值不菲的白金项链。看来，爱情的天平是向义倾斜了。

纯在出发之前，特意告诉了义和华。于是义和华便带着各自的礼物来送行。义送给纯一枚高贵的白金钻戒，又递过一张银行卡。相比之下，华就寒酸多了，华用他这个月发表文章所得的稿费为纯买了双运动鞋，又把自己为纯写的情诗做成了小册子，华告诉纯，路上寂寞的时候就看看。华还带了一大瓶泉水，华说那水是从西山之巅的水池里取的，很干净，很甜。

纯收下了他们的礼物，提起行囊，挥挥手，算是告别。纯就这样走了，像一阵清风。

待纯回来的时候，已是7月了。纯一回来，义的父母便捎信让她过去，但她拒绝了。她径直去了华的家里，一个普通得不能再普通的农户之家。纯第一次让华牵住了她的小手，也牵起了她幸福的一生。

纯后来告诉义，这一次远行，她才真正懂得她所需要的爱情是什么，当她在杳无人迹的大沙漠里穿行的时候，是华送她的鞋和水救了她，当她在天高地阔的郊野露营时，是华的诗集给了她继续前行的勇气。纯这次去的是罗布泊，旅行途中写了很多随笔，回来后都顺利地发表了。

这个故事是义告诉我的，义在给我讲述这个故事的时候，有些惆怅。义说，纯真的是一阵风。

初恋的味道

海是一个三十岁的男人。海曾经爱过几个女孩，真心真意地爱过。

海和萍谈恋爱的时候，娟子一直是个热情的说客。那一年，娟子和萍同在一个学校教书，同住一间寝室。海对萍的关怀和体贴让娟子也觉得爱情原来是如此美妙。娟子也想好好谈一场恋爱，全身心地去爱一回，哪怕爱得海枯石烂，天崩地裂，也在所不惜。只不过那个时候，海的眼里容不下她。

然而，海和萍还是没能走到最后。海和萍分手的那个夏天，娟子一个人来到了广东，进入一所小学教外语。离家的日子，娟子才真正体会到什么叫作乡愁。娟子开始怀念以前的生活，怀念那个勇敢的男人，怀念那一场爱情带给她的温暖。娟子的眼睛里多了一种东西，叫作忧郁。

一个下雨的晚上，娟子的手机响了，想不到是海。娟子有一种压抑不住的惊喜。

想家吗？海在电话那头用沙哑的声音说。

想！娟子的回答很干脆。

那好，就让我带着家的味道和你聊天吧。海说。

那一夜，娟子和海也不知聊了多久。聊着聊着，娟子竟迷迷糊糊地睡了，等她从梦里惊醒的时候，发现手机还握手里，通话的讯号还没切断。

你还在吗？娟子很不好意思地说。

还在，我在听你睡觉的呼吸声。海说。

娟子的心中暖暖的。

此后，海的电话每天都会按时打来，他们聊的时间一次比一次长。海会跟她谈谈这几年家乡的变化，娟子也会跟他说说自己的心里话。每一次娟子都在电话中入睡，每次醒来的时候，海的声音还在，而娟子常常在刹那间闻到家的味道。那是一种崭新的家的味道，她的心在万万没想到的时间、地点，对万万没想到的人震动了一下……

事情就这么自然地发生了，她也不想欺骗自己。她对这种感觉有点期待，也有点迷惘。毕竟娟子是第一次谈恋爱。

有一次海在电话里突然问：“你觉得我应该找个什么样的女孩子当老婆？”

娟子一下子呆住了。娟子不知道该如何回答这个问题，虽然她也渴望知道问题的答案。

时钟已经敲过一点。

“我是说，如果我想走入你的生活，你可愿意？”海的声音有些急促。

娟子本是躺在床上，很舒坦的。忽然耳膜被一种声音震动着，心脏成了身体海拔最高的地方，一股激情迅速蔓延开来，燃烧着她的四肢。

娟子很想说愿意，但是理智告诉她，如果真的开始了，两个人还在两地，如何维系，再说娟子只有二十岁，他们的年龄相差太大了，娟子不敢再想。娟子突然挂了电话，娟子挂电话的时候，有一滴眼泪悄然滑过她的脸庞，可手机再次响了，娟子没接，短消息来了，娟子也不敢看。

娟子想忘记海，娟子去相亲，第一次和男孩见面的时候，娟子说她有一种很严重的病，治不好。后来这个男孩就没再跟她联系了。娟子心里清楚这样做，是因为她发现自己的心里根本容不下别人了。娟子觉得自己已经陷得很深很深，无法自拔。

电话仍旧会每天打来，直到第九天，娟子犹豫了片刻，才接。海在电话那头说："同事说，广东那边有所学校招人，你说我要不要来？"

"那要看你为什么来。"娟子淡淡地说。

"我知道你心里是怎么想的，可爱是没有距离的啊。"

"那边有我的思念，娟子。"海说完又轻轻地哼起来，"亲爱的，你慢慢飞，小心前面带刺的玫瑰……"

娟子听着听着，眼里噙满了泪。

7月的一天，娟子正在房里想着海，门铃突然响了。打开门，海手里捧着一大束玫瑰花，说："娟子，今天是你的生日，送给你。"那一刻，什么年龄的悬殊，距离的遥远，娟子都不再想了，娟子的心海彻底决堤了。娟子就那么傻傻地望着海，眼角湿湿的。海又从身后拿出一枚戒指，说："娟子，我爱你，嫁给我吧。"

半晌，娟子才哽咽着说："你会爱我一辈子吗？"

海说："会！"

娟子哭着又问："那么下辈子呢？"

海说："下辈子也是！"

娟子悠悠地笑了，笑得一脸灿烂，很美，很醉人！

爱的子午线

燕子是个大龄女孩，我在校园论坛上发了张“寻找合租伙伴”的帖子后，她便来了。

她来时拎着大包小包，我欲起身帮忙时，她却说：“用不着！有搬家公司呢，像你这号男人我见得多了，随便找个借口，就想占女人的便宜。”我想，她肯定是受过不小的伤害，要不然不会对男人有这么深的成见。她的东西足足占了两个房间，从电脑到日常用品一应俱全。有一次，我好奇地问她：“考研这段时间还用得着电脑吗？我都把手机给卖了呢！”她瞥了我一眼，有些嘲讽地说：“那是你不懂生活的情趣。”说罢，就扔下一脸傻傻的我，进房去了。

我们约法三章：晚上不准出来串门，不准干涉对方的生活，电费按七三分担。然而她还是干涉了我的生活。每天晚上她都把音响弄得很大，放的不是张含韵就是周笔畅的歌。说实话，我对流行音乐并不感冒，也从不认为它会给我带来实质性的精神享受。开始时我还忍着，只是静静地看自己的书，到后来，满世界都充斥着音乐，我实在忍受不住了，便去敲她的门。门开了，她嫣然一笑，眼里满是温柔，“帅哥，什么事啊？”

我是个考研族，之所以要找个伙伴，只是为了减轻自己的负担，我不想为自己找麻烦。我从鼻子里重重哼了一声，说：“拜托小姐，能不能关掉这恼人的音乐。”她轻轻地笑了，“哦，原来你不喜欢这个啊，我以为你也和我一样呢。”她的语气十分从容。

“我只是想多看点书，考研在即，我不想输得一败涂地。”我大声嚷着。其实她不是一个令人讨厌的女孩，当时我就这么想。她突然静了下来，一个人默默地走到床边，坐下，眼睛也红了。

“对不起，可能是我的语气太重了些。对不起。”我有不好意思地说。

“其实，我也想看点书，只是静不下心来。”她垂下头说。

然后她又抬起头，望着我，目光如水，“愿意听听我的爱情往事吗？”我无语地点着头。

她说曾经爱过两个男生，用心地爱过。要知道在这个物欲横流的社会，真心真意爱一个人是件很奢侈的事情。她却做到了，那一刻我很佩服她的勇气和执着。她之所以会那么认真，那么用心地爱，只因为她还年轻，她一直把这个世界想得如何纯洁如何美好。

然而，理想与现实之间毕竟是有很大差距的。当她的初恋情人和她最亲密的朋友当着她的面热情亲吻时，她的心彻底死掉了，但后来又在烈火中复活了，因为她遇到了她的第二个男友。他对她的温柔与体贴让她觉得生活有了希望。她又一次投入，又一次全心地去爱。直到一个陌生的女人狠狠扯着她的秀发时，她才醒过来，原来她的第二个男友，早就有了爱人。

她平静地叙述着她的感情故事，就像面对一棵树一样自然。只是这平静的背后，我嗅到了沉重的压抑。我摊摊手说：“其实和你一样，在爱情面前，我也是个失败者。我刚刚和我的女友分手。”

“是吗？！”她笑了，“我还以为天底下就只有一个可怜人，原来还是有知音的。”她的语气里带着安慰。

接下来的话题就轻松多了，我们谈人生，谈理想。到了该说“拜拜”的时候，我对她说：“燕子，让我们一起追求理想吧！”她认真地点着头。

燕子给我的关怀从来都是实质性的，可能是因为年纪比我大的缘故。比如，她每天早晨都会到我房里转转，若是看到我没有叠被，也不说废话，就动起手来；我看书看得累了，她便会泡杯咖啡给我提神；晚上我要是说饿了，她很快就会去厨房下碗面，又香又辣的那种，贴心得像我的女友。她经常说我是地道的老实人，朋友说那是她喜欢我。“要是有个女孩对我这么好，我为她死都心甘情愿！”我只是笑笑，我刚从一场爱里受伤回来，我害怕面对另一场爱情。有时关了门我就想，我和这个靠着音乐寻找安慰的女孩其实还是有共同语言的，至少我们都是受过伤的人，我开始喜欢她身上淡淡的味道。

转眼就到了盛夏。南充的天气有点变化莫测，忽热忽冷，我一下子调整不过来，病倒了，躺在床上，一个晚上都没出门，也没开灯。房间里黑黑的，就像我此刻的心情，那一刻我想到了死亡。

门忽然响了，进来的是燕子。

我躺床上不敢动，怕一动，我的世界就崩溃了。她走进来，开灯，然后摸摸我的额头，滚烫。她什么也没说，去取了一床棉被过来，盖在我身上，又去厨房拿了一块热毛巾敷在我额头。她看着我，怜惜地说："难怪今天晚上我一直觉得右眼在跳呢！"

后来，燕子没离开，就坐在我的床边，默默守护着我。

深夜的时候，我开始说梦话，燕子紧紧地抓着我的手，生怕我支撑不住似的。那一夜，我全身汗湿了几次，每一次都是燕子给我换的衣裤。燕子就和衣倒在我身边，一只手紧紧地握着我。在半梦半醒中，我想起了母亲。

第二天我的病情依然没好，燕子就把我送到医院。我在医院待了七天七夜，燕子也陪了我七天七夜。

等我能下床活动的时候，我拒绝了燕子的陪伴。我发现自己不敢再面对她，不敢面对她的关怀与热情。我只有逃亡。我匆匆地回房间收拾了一下行李就走了，什么话也没给她留下。我离开了这座城市，去了我心仪已久的一所学院，我在外面租了一间房子，又去拜访导师，试图从那里开始一种新生活。然而，每一个夜晚对我来说都是漫长和沉重的。我忽然意识到自己不能停止想念。我开始怀念她身上淡淡的味道，怀念她对我的温柔与关怀，怀念她看我时如水的眼神。

我决定回家了，我只待了一周，感觉像有一个世纪那么漫长。

家还是那个家，所有关于燕子的东西还在，这是一个令我高兴的结局。桌子上，有一张燕子的字条，被挤进来的风撞得一飘一飘的：每次当爱走上绝路，往事一幕幕会将我们搂住，有些事虽然烦恼无助，至少有一起吃苦的幸福，一个人才不会……

我笑了笑，眼里全是感动。

静静地躺在床上，闭着眼，感觉着有一只青鸟从我心里飞过，飞去的是翅膀，留下的却是耳朵里永久的相思。“燕子，我想对你说，离开你的这段日子，我想说的依旧是你想说的话。这不是你的错，不是我的错，这只是爱的罪过！”

门忽然响了，进来的是燕子。

我是如此惊讶，像是看见了一种久违的美丽。她却什么也没说，握住我的手，表情温柔而平静。“我就觉得我的左眼怎么老是在跳呢。”“哦！”我一脸惊喜地看着她。“你上哪儿去了？”“去北京待了一阵子。”“怎么不告诉我一声，我也去啊。”“我想知道在你的眼里，时间会不会拉长我的影子！”

是的，在我远离她的日子里，时间拉长了她的影子，比日子长，却又比爱情短，而打结的这段，就是幸福。

与一个陌生女人交往

一周前，我躲在寝室里写小说，这时，电话铃响了。我有点恼怒地扔下笔，去接那个早不来迟不来的电话。电话那头是个女人的声音：“文，是你吗？你为什么不理我啊？”我说：“你打错了吧，我不是你说的那个文！”女人迟疑了片刻，说：“不会吧，你应该是文，我不会记错的。”我说：“我是叫文，但我并不是你认识的那个文，此文非彼文。”电话里的女人突然轻笑起来，她说：“文，你说话真幽默，不过，打错了也不要紧，也是一种缘分，那就让这个错误继续下去，行吗？”

我不知道该不该相信她的话，但我没有挂电话，我喜欢这种清甜的声音，和这样的女孩交流，我感不到约束。

我在七个月之前就离开了我成长的那座城市，也离开了所有的亲人，一个人来到这座城市求学。我知道自己是只想飞的鸟，在一个笼子里待久了，就需要到外面透透气，哪怕再钻进另一个笼子也好。出行那天母亲在火车站送我时，哭了。我答应她每天都给她通一次电话，让她知道我在做什么，或者要做什么，母亲这才放下心来。

初来的时候，我很不习惯这里的气候，那雨缠缠绵绵一下就没完。但日子过得久了，也就无所谓了。

那个陌生的女人总是在每天下午的时候给我打来电话。我想她一定是个白领，因为这个时候，正是她快要下班的时间，我们通常会聊上一个小时，到华灯初上的时候说再见。作为一个长相平凡的男生，我是喜欢和这个女生聊天的，也许她长得很美丽，也或者和我一样平凡，但这些都不重要，重要的是我们并不认识，我们之间也没有交流上的障碍。我并不是一个善于言辞的人，在女孩面前，我通常会紧张得不知说什么才好，或者是我心里已想好了数十种说辞，但一对上对方的眼睛，脑袋便慌张成一片空白，除了能机械地吐出“你好！”“今天天气真好！”“你吃饭了吗？”诸如此类的话，其余的时间，只有沉默，尴尬的沉默。

所以，这些年来，我从来没有成为一场爱情故事的主角，我的存在，顶多算是陪衬。可是这个陌生女人就不一样，她并不需要我太多的言语，她所需要的只是一个忠实的听众，就算有简单的对白，那也游离于是或不是之间。这也许就是她明知我不是她心中的文，也乐意找我聊天的原因吧。说心里话我喜欢这样的自在。

第七天的时候，女人告诉我她怀了文的孩子，但文突然撇下她走了，连句简单的安慰也没扔给她。我无法想象她在得知这个消息后所受的打击有多重。她在叙述这个故事的时候，显得很平静。只是在这平静的背后，我们感觉到了那深深的寒意。我很想安慰她，只是我不知如何开口。我长长地吐了一口烟雾，女人在电话那头说:“我要走了，再见。”然后，她从容地挂了电话。

我看起来像个内向的男生，村里人都这么说我，说在路上遇见的时候，我仅会微笑着打声招呼，如此而已。母亲也常说我得改，我却说:“要是都和哥那样，那世界岂不单调了。”然后我就扔下一脸惊讶的母亲，一个人走进了书房。

我每个周末都会去市里一趟，看看嘉陵江的水或者逛逛书店，我只是想放松一下自己，让疲惫的心有个宁静的小屋。看着那些陌生的行人在街上匆匆地来匆匆地去，有时我会在想，他们是不是也和我一样寂寞或者也一样在爱情的门外徘徊。有时我也能在他们的脸上捕捉些一闪而过的悲伤，我总会伤心着，我不知道自己的脸上何时不会再出现这种表情，他们脸上所浮现出来的，是叫人悲伤的沉静。

我去看嘉陵江的时候，都会注意到一个女人，长发，脸色白皙，不像是本地人。她就站在堤上，朝南方望着。也许，那里有她的家。我经常会这样想，甚至我还会把她和那个每天下午给我打电话的女人联系在一起。她的目光偶尔也会在我的脸上停留一下，但就是那么短短的一两秒钟，就转向了远方。每次不经意碰上对方的目光，我的心就忍不住澎湃，突然有种想和她好好聊聊的冲动。我甚至在心里演练了上千种开场白，我还有意朝她走过去，但女人许是想得太入神了，连眼都没抬一下，我只能静静地从她身旁穿过，没带走一丝微笑。

接连两周我都没有接到那个陌生女人的电话，除了趴在桌子上写小说，更多的时候，我凭窗眺望远方，想想我的母亲，也想想我的明天。就在我以为对方已把我彻底忘记的时候，电话铃响了，这次我没让她先开口，先蹦出一句："咱们见个面吧。我想我是喜欢上你了。"女人像是被我吓着了，电话里充斥着一种令人窒息的沉默。事实上，我自己也感到惊讶，惊讶自己会破天荒说出这样的话语。过了许久，我才听见女人说：“对不起，我已经找到了一个爱我的男人，我们快要结婚了，我想，以后我是不方便再和你联系了。”

电话挂了，我们就这样结束了吗？我想是的，没开始就已经结束了。

每个周末我还是去嘉陵江边看水，那个在堤上眺望远方的女人也消失了。也许我的猜测是对的，她就是那个打电话给我的陌生女人。因为自此后我再也没有看见她的影子，她就像是一只鸟，从我小小的领空里飞走了，不再回来。

我还是一个人住，每隔三天就和母亲通个电话，告诉她我一切都好。我每周还是会去嘉陵江边一次，下午，照样写点东西，或者一个人静静地坐着发呆。